फ़ैज़

फ़ैज़

सम्पादक

शमशेरबहादुर सिंह

मुग़ीसुद्दीन फ़रीदी

राजकमल प्रकाशन

नयी दिल्ली पटना इलाहाबाद

मूल्य : रु. 400.00

पहला संस्करण : 1979
दूसरा संस्करण : 1982
तीसरा संस्करण : 2010

प्रकाशक : राजकमल प्रकाशन प्रा. लि.
1-बी, नेताजी सुभाष मार्ग
नई दिल्ली-110 002

शाखाएँ : अशोक राजपथ, साइंस कॉलेज के सामने, पटना-800 006
पहली मंजिल, दरबारी बिल्डिंग, महात्मा गांधी मार्ग, इलाहाबाद-211 001

वेबसाइट : www.rajkamalprakashan.com
ई-मेल : info@rajkamalprakashan.com

आवरण : राजकमल स्टूडियो

मुद्रक : बी.के. ऑफसेट
नवीन शाहदरा, दिल्ली-110 032

FAIZ
An anthology edited by
Shamsher Bahadur Singh & Mugheesuddin Faridi

ISBN : 978-81-267-1821-4

सन् 1978 : भारत में फ़ैज़ का चतुर्दिक् स्वागत

सन् 1978 में फ़ैज़ का स्वागत हिन्दुस्तान के हर बड़े शहर में कुछ ऐसे हुआ जैसे बरातियों के दिलों में बसे हुए किसी हसीन दूल्हे का होता है।

यह हुस्न फ़ैज़ की शाइरी के अन्दर हमारे उपमहाद्वीप के उस इनसान का है जिसके जिस्म पर हज़ारों ज़ख़्म हैं जो सितारों की तरह चमक रहे हैं। उन्हीं ज़ख़्मों का सेहरा पहने हुए इस 'दूल्हे' की बरात में हिन्द-ओ-पाक का हर वह नागरिक शामिल है जो आज इनसान बनने को तरस गया है। क्योंकि आज सच पूछिए तो ऐसे इनसान के सिर्फ़ दूर-दराज़ सपने ही उसके पास रह गए हैं, और कुछ नहीं।

फ़ैज़ उस हिन्दुस्तान की यादगार भी है जिसने अंग्रेज़ों की सियासत और संगीनों के आगे अपना सीना खोला था। उसी साम्राज्यवादी सियासत ने हमारे विशाल सीने के दो टुकड़े कर दिए थे और आज वो दोनों चुपचाप अलग-अलग तड़प रहे हैं। क्या वो सचमुच कभी मिल भी सकते हैं, एक भी हो सकते हैं...भूगोल के मिलन में नहीं, दिलों के एक होकर मिलने में?

अकेले फ़ैज़ के यहाँ ये दोनों एक होकर, मिले हुए, हमारे सामने आते हैं। फ़ैज़ की शाइरी से दोनों को गहरा सुकून मिलता है।

फ़ैज़ वहीं हैं जहाँ अस्लीयत बोलती है, भाषा की हदों से ऊपर उठकर बोलती है, और अपने लहजों के नर्म और गर्म तेवर से हमारी आज की ज़िन्दगी के बहुत-से राज़ खोलती चलती है...वो राज़ जिनसे रूह तो वाक़िफ़ है मगर जिन पर बूर्ज़ुआ और सामन्ती सियासत और तानाशाही ने शोषण और अत्याचार के धुआँधार पर्दे डाल रखे हैं, अगर्चे वह बहुत-कुछ ढक नहीं भी पा रहे हैं। हाँ, इसी मंच पर फ़ैज़ की शाइरी अपनी आवाज़ बुलन्द करती है।

फ़ैज़ की शाइरी ऐसे ज़िन्दा इशारों का पर्याय है जो दर्द की चीख़ और कराह को कसकर अन्दर-ही-अन्दर दबाए और छुपाए हुए हैं, मगर जो दरअस्ल दबाए दबते हैं न छुपाए छुपते।

फ़ैज़ की शाइरी एक ऐसा संगीत है जो मालूम तो होता है रोमानी, मगर अस्लन् इज्तिहादी है—अपने रोमानी तेवर में भी ख़ालिसन् इन्क़िलाबी, यानी संघर्षों में उसका

जन्म हुआ है। रोमान के सही माने और मफ़हूम—उनके सही सार्थक सन्दर्भ—शायद पहली बार फ़ैज़ के यहाँ ही इतने आधुनिक रूप में, इतने साफ़-साफ़ समझ में आने लगते हैं जितने कि पहले कम ही समझ में आए होंगे। जोश और मजाज़ का कलाम इनके साथ रखकर देख सकते हैं। ('मख़दूम'...का मामला कुछ दूसरा है)

फ़ैज़ ने इक़्बाल की गर्म ओजस्वी कल्पना को अपने ख़ून की आँच नर्मा कर व्यापक अवाम के दिलों में रौशन किया है, और इस रंग और लय में किया है कि अपने सुख-दुख के इतिहास के फ़लसफ़े को वह व्यापक अवाम पहले से कुछ ज़ियादा खुले अन्दाज़ में समझने लगा।

इस समझ में अगर किसी सियासत को दख़ल था तो वह गहरी इनसानी सच्चाइयों में, और पावन क़ुर्बानियों की सच्चाई थी। फ़ैज़ के यहाँ व्यक्तिगत प्रेम के महत् मूल्य का अर्थ भी इसी सच्चाई में झलकता है। फ़ैज़ का पूरा कलाम इसका प्रमाण है।

यह चयन

फ़ैज़ की सन् '71-72 की ख़ासी-कुछ कविताओं से हिन्दी कविता-प्रेमी जगत् परिचित है। कोई छह-सात साल पहले 'शीशों का मसीहा' नाम से एक संकलन राजकमल ने ही प्रकाशित किया था जिसमें उस समय तक की प्रायः सभी कविताएँ संगृहीत थीं। तब से इस बीच फ़ैज़ के दो और संग्रह प्रकाशित हो चुके हैं, जो नागरी लिपि में अभी तक नहीं आए थे यानी 'सरे-वादिए-सीना' और 'शामे-शह्रे-याराँ'। पिछले साल जब फ़ैज़ भारत आए और जगह-जगह उनका हार्दिक स्वागत हुआ, तो यह ज़रूरत महसूस हुई कि नागरी लिपि में उनकी कविताओं का एक अप-टु-डेट संकलन तैयार किया जाए। यही नहीं, बल्कि फ़ैज़ के दूसरे रचनात्मक पहलू यानी उनके गद्य को भी हिन्दी में प्रस्तुत किया जाए। फ़ैज़ एक महान कवि ही नहीं, विचारोत्तेजक निबन्धकार भी हैं। संस्कृति, साहित्य और राजनीति के अन्तःसम्बन्धों का उन्होंने मार्मिक विश्लेषण किया है। युद्ध और शान्ति की समस्याओं पर गम्भीरता से विचार किया है। थोड़े शब्दों में वह बहुत-कुछ कह सकने की क्षमता रखते हैं; जैसा कि प्रस्तुत संकलन में किए गए चयन से अनेक स्थलों पर प्रकट होगा। उन्होंने जेल से जो पत्र अपनी पत्नी के नाम लिखे, वो भी एक यादगार चीज़ है। अपने मित्रों को लिखे उनके पत्र भी दिलचस्पी से ख़ाली नहीं। गम्भीर पत्रकारिता और स्तरीय सम्पादन (जैसे 'पाकिस्तान टाइम्स' और 'इमरोज़' का) उन्हें पहले ही व्यापक प्रसिद्धि प्रदान कर चुका था। (हाल ही में बग़दाद [ईराक़] में उन्हें एफ़्रो-एशियाई लेखक संघ के अन्तर्राष्ट्रीय मुखपत्र 'लोटस' के सम्पादन का भार सौंपा गया है।) उन्होंने अपनी प्रतिभा का योगदान रेडियो, टेलीविज़न और फ़िल्म को भी दिया; चार सफल मंचीय नाटक भी लिखे। राष्ट्रीय कला-परिषद की स्थापना की; इदाराए-यादगारे-ग़ालिब

क़ायम किया। अनेकानेक देशों की यात्रा की; और जहाँ गए विश्वबन्धुत्व की भावना मज़बूत की, और युद्ध के विरोध और शान्ति के समर्थन पक्ष की अपनी प्रत्येक गतिविधि से बल दिया।

ऐसी बहुमुखी प्रतिभा का आंशिक प्रतिनिधित्व ही इस संकलन में सम्भव हो सका है।

पद्य भाग में अधिक से अधिक कविताएँ हमने फ़ैज़ के नए संकलनों से देनी चाही हैं। तथापि 'शीशों का मसीहा' की प्रायः सभी विशिष्ट और प्रसिद्ध कविताएँ और ग़ज़लें हमने प्रस्तुत प्रतिनिधि संकलन में शामिल की हैं। अस्तु, हम इसके योग्य चयनकर्ता और सम्पादक, प्रसिद्ध साहित्यकार जनाब अली सरदार जाफ़री और डा. मुल्कराज आनन्द के ऋणी हैं, इसलिए और भी कि उनकी दी हुई पादटिप्पणियों से हमने पूरा-पूरा लाभ उठाया है। जहाँ-जहाँ उन्होंने **मेरे** और **तेरे** को **मिरे** और **तिरे** किया है—'मे...' और 'ते...' में प्रयुक्त ह्रस्व 'ए' को स्पष्ट करने के लिए (ताकि पद को सही उर्दू छन्द में पढ़ा जा सके)—वहाँ हमने उनका अनुसरण किया है; यद्यपि कुछ हिन्दी पाठकों को आरम्भ में यह कुछ अटपटा-सा लगता है। हाँ, फ़ारसी शब्दों के अन्त्य 'ह' को हमने विसर्ग (:) से व्यक्त करने के बजाय 'आ' की मात्रा (ा) से व्यक्त किया है जो हमें सामान्य हिन्दुस्तानी उच्चारण के अधिक निकट लगा। जैसे 'पियालः' के बजाय 'पियाला', 'नामः' के बजाय 'नामा'।

गद्य भाग के अनुवादों में पूरी-पूरी सतर्कता बरती गई है कि मूल की शैली ज्यों-की-त्यों रहे और हिन्दी के अपने स्वाभाविक प्रवाह के अन्तर्गत ऐसे मूल उर्दू शब्द भी बरक़रार रहें जो बहुत अपरिचित-से न हों; ताकि पाठक मूल के निकट से निकट अपने को महसूस करता चले। हाँ, गम्भीर सैद्धान्तिक साहित्यिक निबन्धों के अनुवाद से हिन्दी सुष्ठ संस्कृतनिष्ठ रूप को अपनाना अनिवार्य-सा जान पड़ा।

कराची की प्रसिद्ध साहित्यिक पत्रिका 'अफ़कार' के ऐतिहासिक 'फ़ैज़ नम्बर' [विशेषांक, 1965] से जो सामग्री ली गई है, उसके लिए हम इसके सम्पादक सह्बा साहब के प्रति आभार व्यक्त करते हैं। इसी प्रकार 'मताए-लौहो-क़लम' से संकलित सामग्री के लिए उसके योग्य सम्पादक सैयद ज़फ़रुल हसन साहब के प्रति कृतज्ञ हैं। श्रीमती शीला सन्धू ने जो विशेष रूचि इस पुस्तक की तैयारी में शुरू से ली है वह हमारे उत्साह का भी कारण बनी। इस पुस्तक की योजना के लिए हम उन्हें हृदय से साधुवाद देते हैं; और व्यक्तिगत रूप से भी कृतज्ञ हैं कि फ़ैज़ का कुछ निकट से अध्ययन करने का एक सुन्दर अवसर उन्होंने हमें दिया।

शमशेरबहादुर सिंह
मुग़ीसुद्दीन फ़रीदी

दिल्ली,
19 नवम्बर, 1979

फ़ैज़ : प्रतिभा की विकास-रेखा

1911 जन्म, 13 फ़रवरी, गाँव काला कादर, सियालकोट (पंजाब, पाकिस्तान में)
’14 कुरान कंठस्थ किया (पहले दो पारे)
’16 उर्दू-फ़ारसी-अरबी की प्रारम्भिक शिक्षा
’21 स्कूल में भर्ती
’27 मैट्रिक पास किया (फ़र्स्ट डिवीज़न)
’28 पहली ग़ज़ल कही
’29 इंटरमीडिएट पास किया
’29 पहली नज़्म कही
’31 बी.ए., बी.ए. ऑनर्स (अरबी) किया
‘33 एम.ए. पास किया (अंग्रेज़ी में)
’34 पहला लेख प्रकाशित
’34 अरबी में एम.ए. (फ़र्स्ट डिवीज़न)
’35 अंग्रेज़ी के प्राध्यापक हुए (एम.ए.ओ. कॉलेज, अमृतसर)
’38 ‘अदबे-लतीफ़’ (लाहौर) का सम्पादन, रेडियो के लिए नाटक लिखे
’40 प्राध्यापक, हेली कॉलेज, लाहौर
’41 शादी, एलिस जॉर्ज से (नया नाम कुल्सूम)
’41 ‘नक़्शे-फ़रियादी’ (कविता-संग्रह) प्रकाशित
’42 ब्रिटिश इंडियन आर्मी में कैप्टेन
’42 पहली बेटी सलीमा का जन्म
’43 मेजर के पद पर पदोन्नत
’44 कर्नल के पद पर पदोन्नत
’45 दूसरी बेटी मुनिहज़ा (मुनीज़ा) का जन्म
’46 एम.बी.ई.
’47 आर्मी से इस्तीफ़ा दिया

’47 ‘पाकिस्तान टाइम्स’ और दैनिक ‘इमरोज़’ और साप्ताहिक ‘लैलो-निहार’ का सम्पादन
’48 सान् फ्रान्सिस्को की यात्रा
’49 जिनेवा की यात्रा
’51 रावलपिंडी षड्यन्त्र केस में गिरफ़्तारी और जेल
’52 ‘दस्ते-सबा’ (कविता-संग्रह) प्रकाशित
’53 (मार्च) से मार्च ’55 तक सरगोधा, लायलपुर और मांटगुमरी जेल में
’55 जेल से रिहाई
’56 चीन की यात्रा
’56 ‘ज़िन्दाँनामा’ (कविता-संग्रह) प्रकाशित
’57 बम्बई की यात्रा
’58 सेफ़टी एक्ट के तहत दुबारा गिरफ़्तारी और जेल
’58 पहली बार फ़िल्मी गाने लिखे
’58 एफ़्रो-एशियाई लेखक सम्मेलन के लिए ताश्कंद की यात्रा
’62 लन्दन, मास्को, हंगरी, क्यूबा, लेबनान, अल्जीरिया, मिस्र की यात्रा
’62 लेनिन शान्ति पुरस्कार से सम्मानित
’62 ‘मीज़ान’ (लेखों का संग्रह) प्रकाशित
’64 प्रिंसिपल, अब्दुल्ला हारून कालेज, कराची
’64 ‘दस्ते-तहे-संग’ (कविता-संग्रह) प्रकाशित
’68 इदाराए-यादगारे-ग़ालिब क़ायम किया
’68 ‘नक़्शे-फ़रियादी’ का दसवाँ संस्करण
’68 ‘दस्ते-सबा’ का दसवाँ संस्करण
’68 रूस की यात्रा
’69 ग़ालिब-शती समारोह का सफल आयोजन किया
’71 फ़ैज़ की साठवीं सालगिरह मनाई गई
’71 ‘सरे-वादिए-सीना’ (कविता-संग्रह) प्रकाशित
’71 ‘सलीबें मेरे दरीचे में’ (जेल से एलिस फ़ैज़ के नाम लिखे पत्रों का संग्रह) प्रकाशित
’72 ‘सरे-वादिए-सीना’ का दूसरा संस्करण
’72 अध्यक्ष, राष्ट्रीय कला-परिषद, पाकिस्तान
’73 अल्मा-अता (सोवियत संघ) में एफ़्रो-एशियाई लेखक सम्मेलन में शामिल हुए

’73 फ़िलिपाइन की यात्रा

’73 इंडोनेशिया की यात्रा

’73 ‘मताए-लौहो-क़लम’* प्रकाशित

’74 सफ़रनाम-ए-क्यूबा

’76 हमारी क़ौमी सक़ाफ़त प्रकाशित

’78 ‘शामे-शहूरे-याराँ’ (कविता-संग्रह) प्रकाशित

’78 कैनाडा, हवाई और मास्को की यात्रा

’78 लुआंडा (अंगोला) में एफ़्रो-एशियाई लेखक सम्मेलन में भाग लिया

’78 एफ़्रो-एशियाई लेखक संघ के मुखपत्र ‘लोतस’ (बग़दाद) का सम्पादन-दायित्व सँभाला।

’80 महो-साले-आशनाई (लेखों का संग्रह) प्रकाशित

’81 मिरे दिल मिरे मुसाफ़िर (कविता-संग्रह) प्रकाशित

’82 ‘कलाम-ए-फ़ैज’ प्रकाशित

’84 ‘सारे सुख़न हमारे’ (फ़ैज़ समग्र) लन्दन से प्रकाशित

’84 ‘नुस्ख़हा-ए-वफ़ा’ (फ़ैज़ समग्र) पाकिस्तान से प्रकाशित

’84 20 नवम्बर को लाहौर में निधन

’86 ‘नुस्ख़हा-ए-वफ़ा’ देहली से प्रकाशित

’90 द एविसेना एवार्ड (मरणोपरान्त)

’90 निशाने-इम्तियाज़ (Pakistan’s Highest Civilian Award) (मरणोपरान्त)

---

* इसमें फ़ैज़ के चुने हुए भाषण, लेख, इंटरव्यू, भूमिकाएँ, पत्र आदि, रेडियो और टेलीविज़न से प्रसारित सामग्री और चार नाटक संकलित हैं। अन्त में फ़ैज़ से सम्बन्धित चार विशिष्ट लेख हैं।

अनुक्रम

सन् 1978 : भारत में फ़ैज़ का चतुर्दिक् स्वागत 5
फ़ैज़ : प्रतिभा की विकास-रेखा 8

ग़ज़लें

नक़्शे-फ़रियादी से

फिर लौटा है, ख़ुरशीदे-जहाँताब सफ़र से 19

दस्ते-सबा से

कभी-कभी याद में उभरते हैं नक़्शे-माज़ी मिटे-मिटे-से 20
तुम आये हो न शबे-इन्तिज़ार गुज़री है 21
रंग पैराहन का, ख़ुशबू ज़ुल्फ़ लहराने का नाम 22
दिल में अब यों तिरे भूले हुए ग़म आते हैं 23
यादे-ग़िज़ालचश्माँ, ज़िक्रे-समन-इ'ज़ाराँ 24

ज़िन्दाँनामा से

सब क़त्ल हो के तेरे मुक़ाबिल से आये हैं 26
कुछ मुह्तसिबों की ख़िल्वत में, कुछ वाइ'ज़ के घर जाती है 27
गर्मि-ए-शौक़े-नज़ारा का असर तो देखो 28

दस्ते-तहे-संग से

तिरे ग़म को जाँ की तलाश थी, तिरे जाँ-निसार चले गये 29
न गँवाओ नावके-नीमकश, दिले-रेज़ा-रेज़ा गँवा दिया 30

सरे-वादिए-सीना से

शर्‌हे-बेदर्दिए-हालात न होने पायी 31
आशोबे-नज़र से की हमने चमन्‌-आराई 33
कहीं तो कारवाने-दर्द की मंज़िल ठहर जाये 34

शामे-शह्‌रे-याराँ से

हमने सब शे'र में सँवारे थे 35
न अब रक़ीब, न नासेह, न ग़मगुसार कोई 36
ये मौसमे-गुल गर्चे तरबख़ेज़ बहुत है 37
हमीं से अपनी नवा हमकलाम होती रही 38
हसरते-दीद में गुज़राँ हैं ज़माने कब से 39
ये किस ख़लिश ने फिर इस दिल में आशियाना किया 40
ग़ज़ल के तीन शे'र 41
हैराँ है जबीं आज किधर सज्दा रवा है 42

नज़्में

नक़्शे-फ़रियादी से

सुरूदे-शबाना 45
तहे-नुजूम 46
मुझसे पहली-सी मुहब्बत मिरी महबूब न माँग 47
रक़ीब से 49
तनहाई 51
चन्द रोज़ और मिरी जान! 52

कुत्ते 54
बोल... 55
मौज़ू-ए-सुख़न 56
सियासी लीडर के नाम 57
ऐ दिले-बेताब, ठहर 58
मिरे हमदम, मिरे दोस्त! 59

दस्ते-सबा से

मताए-लौह-ओ-क़लम 61
सुब्हे-आज़ादी (अगस्त, '47) 62
लौह-ओ-क़लम 63
दो आवाज़ें 64
सरे-मक़्तल (क़व्वाली) 67
तराना 68
दो इश्क़ 69
ईरानी तुलबा के नाम 72
निसार मैं तिरी गलियों पे... 74
शीशों का मसीहा कोई नहीं 76
ज़िन्दाँ की एक शाम 80
ज़िन्दाँ की एक सुब्ह 82
मुलाक़ात 84

ज़िन्दाँनामा से

ऐ रौशनियों के शहर! 86
हम जो तारीक राहों में मारे गये 87
दरीचा 89
दर्द आयेगा दबे पाँव... 90
ऐफ़्रीका कम बेक (एक रजज़) 92

ये फ़स्ल उमीदों की हमदम 94
बुनियाद कुछ तो हो (क़व्वाली) 95

दस्ते-तहे-संग से

रात ढलने लगी है सीनों में 96
शाम 97
तुम ये कहते हो अब कोई चारा नहीं! 98
आज बाज़ार में पा-ब-जौलाँ चलो 99
क़ैदे-तनहाई 100
हम्द 101
दो मर्सिये (मुलाक़ात मिरी, ख़त्म हुई बारिशे-संग) 102
कहाँ जाओगे 104
ख़ुशा ज़मानते-ग़म 105
रंग है दिल का मिरे 106
पास रहो 107
मंज़र 108

सरे-वादिए-सीना से

दीदए-बीना 109
रुख़्सत (हार्ट-अटैक) 111
यतीम लहू 112
ऐ वतन, ऐ वतन 113
दुआ 114
यहाँ से शहर को देखो 116
एक शहर आशोब का आग़ाज़ 118
बालीं पे कहीं रात ढल रही है 120
फ़र्शे-नौमीदिए-दीवार 121
हज़र करो मिरे तन से 123
मेरी गर्द-आलूद आँखों का लहू 124

शामे-शहूरे-याराँ से

मिरे दर्द को जो ज़बाँ मिले 126
पाँवों से लहू को धो डालो 127
सज्जाद ज़हीर के नाम 128
ऐ शाम, मेहरबाँ हो! 130
ढाके से वापसी पर 132
बहार आयी 133
तुम अपनी करनी कर गुज़रो 134
मोरी अरज सुनो 135
कुछ इश्क़ किया, कुछ काम किया 137
दरे-उम्मीद के दरयूज़ागर 138
आज इक हर्फ़ को फिर ढूँडता फिरता है ख़याल 139

गीत

चलो फिर से मुस्करायें (शामे-शहूरे-याराँ) 141
मंज़िलें 143
तीन गीत 145

बच्चों के लिए

मुनीज़ा की सालगिरह 147

जीवन

बचपन से जवानी तक
[फ़ैज़ की मिर्ज़ा ज़फ़रुल हसन से एक बातचीत] 151
यादों के साये [एलिस फ़ैज़] 159
शामे-ग़ज़ल [सैयद सज्जाद ज़हीर] 167

चिन्तन

'दस्ते-सबा' की भूमिका [फ़ैज़] 177
'मुद्दत हुई है यार को मेहमाँ किये हुए' [फ़ैज़] 179
कविता में अभिव्यक्ति और सम्प्रेषण [फ़ैज़] 188
साहित्य : संघर्ष और साधना के दो रूप [फ़ैज़] 192
विश्वशान्ति का संघर्ष [फ़ैज़] 197

कुछ चुने हुए पत्र

पत्नी के नाम 203
छेमी और मेज़ी के नाम 212
अपने एक प्रकाशक के नाम 214

फ़ैज़ : कुछ श्रेष्ठ उर्दू कवियों और समीक्षकों की नज़र में

जोश मलीहाबादी 217
फ़िराक़ गोरखपुरी 218
प्रो. रशीद अहमद सिद्दीक़ी 219

ग़ज़लें

फिर लौटा है, ख़ुरशीदे-जहाँताब सफ़र से

फिर लौटा है ख़ुरशीदे-जहाँताब[1] सफ़र से
फिर नूरे-सहर[2] दस्त-ओ-गिरेबाँ[3] है सहर से

फिर आग भड़कने लगी है साज़े-तरब[4] में
फिर शो'ले लपकने लगे हर दीदए-तर[5] से

फिर निकला है दीवाना कोई फूँक के घर को
कुछ कहती है हर राह हर इक राहगुज़र से

वो रंग है इमसाल गुलिस्ताँ की फ़ज़ा का
ओझल हुई दीवारे-क़फ़स हद्दे-नज़र से

साग़र तो खनकते हैं शराब आये न आये
बादल तो गरजते हैं घटा बरसे न बरसे

पापोश[6] की क्या फ़िक्र है, दस्तार सँभालो
पायाब[7] है जो मौज गुज़र जायेगी सर से

['नक़्शे-फ़रियादी' से]

---

1. दुनिया को रौशनी देनेवाला सूरज, 2. सुबह की रौशनी, 3. उलझी हुई (गिरेबाँ हाथ में पकड़े हुए), 4. मस्ती का साज़, 5. भीगी आँख, 6. जूता, 7. पैर तक, जो गहरा न हो।

कभी-कभी याद में उभरते हैं नक़्शे-माज़ी मिटे-मिटे-से

कभी-कभी याद में उभरते हैं नक़्शे-माज़ी मिटे-मिटे-से
वो आज़माइश दिल-ओ-नज़र की, वो क़ुरबतें-सी वो फ़ासले-से

कभी-कभी आरज़ू के सहरा में आ के रुकते हैं क़ाफ़िले-से
वो सारी बातें लगाव की-सी, वो सारे उनवाँ[1] विसाल के-से

निगाह-ओ-दिल को क़रार कैसा, निशात-ओ-ग़म[2] में कमी कहाँ की
वो जब मिले हैं तो उनसे हर बार की है उल्फ़त नये सिरे से

बहुत गराँ है ये ऐ'शे-तनहा, कहीं सुबुकतर[3], कहीं गवारा
वो दर्दे-पिन्हाँ कि सारी दुनिया रफ़ीक़[4] थी, जिसके वास्ते से

तुम्हीं कहो रिन्द-ओ-मुह्तसिब[5] में है आज शब कौन फ़र्क़ ऐसा
ये आके बैठे हैं मयकदे में, वो उठके आये हैं मयकदे से

['दस्ते-सबा' से]

---

1. शीर्षक, 2. उल्लास और वेदना, 3. कोमलतर, 4. साथी, 5. शराब पीनेवाला और शराब पीने से रोकनेवाला।

तुम आये हो न शबे-इन्तिज़ार गुज़री है

तुम आये हो न शबे-इन्तिज़ार गुज़री है
तलाश में है सहर बार-बार गुज़री है

जुनूँ में जितनी भी गुज़री ब-कार गुज़री है
अगरचे दिल पे ख़राबी हज़ार गुज़री है

हुई है हज़रते-नासेह से गुफ़्तगू जिस शब
वो शब ज़ुरूर सरे-कूए-यार[1] गुज़री है

वो बात सारे फ़साने में जिसका ज़िक्र न था
वो बात उनको बहुत नागवार गुज़री है

न गुल खिले हैं, न उनसे मिले, न मय पी है
अजीब रंग में अबके बहार गुज़री है

चमन पे ग़ारते-गुलचीं[2] से जाने क्या गुज़री
क़फ़स से आज सबा बेक़रार गुज़री है

['दस्ते-सबा' से]

---

1. यार की गली में, 2. फूल चुननेवाली की लाई हुई तबाही।

रंग पैराहन का, ख़ुशबू ज़ुल्फ़ लहराने का नाम

रंग पैराहन का, ख़ुशबू ज़ुल्फ़ लहराने का नाम
मौसमे-गुल है तुम्हारे बाम पर आने का नाम
दोस्तो उस चश्म-ओ-लब की कुछ कहो जिसके बग़ैर
गुलसिताँ की बात रंगीं है न मयख़ाने का नाम
फिर नज़र में फूल महके, दिल में फिर शम्एँ जलीं
फिर तस्व्वुर ने लिया उस बज़्म में जाने नाम
दिलबरी ठहरा ज़बाने-ख़ल्क़[1] खुलवाने का नाम
अब नहीं लेते परी-रू[2] ज़ुल्फ़ बिखराने का नाम
अब किसी लैला को भी इक़रारे-महबूबी नहीं
इन दिनों बदनाम है हर एक दीवाने का नाम
मुह्तसिब की ख़ैर, ऊँचा है उसी के फ़ैज़ से
रिन्द का, साक़ी का, मय का, ख़ुम का, पैमाने का नाम
हमसे कहते हैं चमनवाले, ग़रीबाने-चमन[3]
तुम कोई अच्छा-सा रख लो अपने वीराने का नाम
'फ़ैज़' उनको है तक़ाज़ा-ए-वफ़ा हमसे जिन्हें
आशना के नाम से प्यारा है बेगाने का नाम

['दस्ते-सबा' से]

1. दुनिया की ज़बान, 2. परियों-जैसे चेहरेवाले, 3. जो चमन से बाहर चले गये।

दिल में अब यों तिरे भूले हुए ग़म आते हैं

दिल में अब यों तिरे भूले हुए ग़म आते हैं
जैसे बिछुड़े हुए का'बे में सनम[1] आते हैं

एक-इक करके हुए जाते हैं तारे रौशन
मेरी मंज़िल की तरफ़ तेरे क़दम आते हैं

रक़्से-मय[2] तेज़ करो, साज़ की लय तेज़ करो
सू-ए-मयख़ाना[3] सफ़ीराने-हरम[4] आते हैं

कुछ हमीं को नहीं एहसान उठाने का दिमाग़
वो तो जब आते हैं माइल-ब-करम[5] आते हैं

और कुछ देर न गुज़रे शबे-फ़ुरक़त[6] से कहो
दिल भी कम दुखता है, वो याद भी कम आते हैं

['दस्ते-सबा' से]

1. मूर्तियाँ, 2. मदिरा का नृत्य, 3. मयख़ाने की तरफ़, 4. मस्जिद के दूत, 5. कृपा करने को तैयार, 6. विरह की रात।

यादे-ग़िज़ालचश्माँ, ज़िक्रे-समन-इ'ज़ाराँ

यादे-ग़िज़ालचश्माँ[1], ज़िक्रे-समन-इ'ज़ाराँ[2]
जब चाहा कर लिया है कुंजे-क़फ़स बहाराँ

आँखों में दर्दमन्दी, होंटों पे उज़्रख़्वाही[3]
जानानाँ-वार आयी शामे-फ़िराक़े-याराँ

नामूसे-जान-ओ-दिल[4] की बाज़ी लगी थी वरना
आसाँ न थी कुछ ऐसी राहे-वफ़ाशिअ'राँ[5]

मुजरिम हो ख़्वाह कोई, रहता है नासेहों का
रू-ए-सुख़न[6] हमेशा सू-ए-जिगरफ़िगाराँ[7]

है अब भी वक़्त ज़ाहिद,[8] तरमीमे-ज़ुह्द[9] कर ले
सू-ए-हरम चला है अम्बोहे-बादाख़्वाराँ[10]

शायद क़रीब पहुँची सुब्हे-विसाल[11], हमदम
मौजे-सबा लिये है ख़ुशबू-ए-ख़ुशकनाराँ[12]

है अपनी किश्ते-वीराँ[13] सरसब्ज़ इस यक़ीं से
आयेंगे इस तरफ़ भी इक रोज़ अब्र-ओ-बाराँ[14]

---

1. मृगनयनियों की याद, 2. चमेली के फूल-जैसे गालवालों की चर्चा, 3. विवशता प्रकट करना, 4. जान और दिल की मर्यादा, 5. वफ़ा करनेवालों का रास्ता, 6. बात की दिशा, 7. घायल जिगरवालों की तरफ़, 8. तपस्वी, विरक्त, 9. वैराग्य में सुधार, 10. शराबियों की भीड़, 11. मिलन-प्रभात, 12. सुन्दर गोदवालों की सुगन्ध, 13. उजड़ी क्यारी, 14. बादल और बारिश।

आयेगी 'फ़ैज़' इक दिन बादे-बहार लेकर
तस्लीमे-मयफ़रोशाँ,[15] पैग़ामे-मयगुसाराँ[16]

['दस्ते-सबा' से]

15. शराब बेचनेवालों का सलाम, 16. शराब पीनेवालों का सन्देश।

सब क़त्ल हो के तेरे मुक़ाबिल से आये हैं

सब क़त्ल हो के तेरे मुक़ाबिल से आये हैं
हम लोग सुर्ख़-रू[1] हैं कि मंज़िल से आये हैं

शम्ए-नज़र, ख़याल के अंजुम[2], जिगर के दाग़
जितने चिराग़ हैं तिरी महफ़िल से आये हैं

उठ कर तो आ गये हैं तिरी बज़्म से मगर
कुछ दिल ही जानता है कि किस दिल से आये हैं

हर इक क़दम अजल[3] था, हर इक गाम ज़िन्दगी
हम घूम-फिर के कूचए-क़ातिल से आये हैं

बादे-ख़िज़ाँ[4] का शुक्र करो 'फ़ैज़' जिसके हाथ
नामे[5] किसी बहार-शमाइल[6] के आये हैं

['ज़िन्दाँनामा' से]

1. सफल, विजयी, 2. सितारे, 3. मौत, 4. पतझड़ की हवा, 5. चिट्ठियाँ, 6. बहार-जैसे स्वभाववाली।

कुछ मुहृतसिबों की ख़िल्वत में, कुछ वाइ'ज़ के घर जाती है

कुछ मुहृतसिबों[1] की ख़िल्वत में, कुछ वाइ'ज़[2] के घर जाती है
हम बादाकशों के हिस्से की अब जाम में कमतर जाती है

यूँ अ'र्ज़-ओ-तलब[3] से कब, ऐ दिल, पत्थर-दिल पानी होते हैं
तुम लाख रज़ा की ख़ू डालो, कब ख़ू-ए-सितमगर जाती है

बेदादगरों[4] की बस्ती है, याँ दाद कहाँ ख़ैरात कहाँ
सर फोड़ती फिरती है नादाँ फ़रियाद जो दर-दर जाती है

हाँ, जाँ के ज़ियाँ की हमको भी तशवीश है लेकिन क्या कीजे?
हर रह जो उधर को जाती है, मक़्तल[5] से गुज़र कर जाती है

अब कूचए-दिलबर का रहरौ, रहज़न भी बने तो बात बने
पहरे से अ'दू[6] टलते ही नहीं और रात बराबर जाती है

हम अह्ले-क़फ़स तनहा भी नहीं, हर रोज़ नसीमे-सुब्हे-वतन
यादों से मुअ'त्तर[7] आती है, अश्कों से मुनव्वर[8] जाती है

['ज़िन्दाँनामा' से]

मांटगुमरी जेल
17 जून, 1954

---

1. प्रतिबन्ध लगानेवाला, 2. धर्मोपदेशक, 3. प्रार्थना और याचना, 4. अन्यायियों, 5. क़त्ल करने की जगह, 6. दुश्मन, 7. सुगन्धित, 8. आलोकित।

गर्मि-ए-शौक़े-नज़ारा का असर तो देखो

गर्मि-ए-शौक़े-नज़ारा[1] का असर तो देखो
गुल खिले जाते हैं वो सायए-दर तो देखो

ऐसे नादाँ भी न थे जाँ से गुज़रने वाले
नासेहो, पन्दगरो,[2] राहगुज़र तो देखो

वो तो वो है, तुम्हें हो जायेगी उल्फ़त मुझसे
इक नज़र तुम मिरा महबूबे-नज़र तो देखो

वो जो अब चाक गिरेबाँ भी नहीं करते हैं
देखनेवालो, कभी उनका जिगर तो देखो

दामने-दर्द को गुलज़ार बना रक्खा है
आओ, इक दिन दिले-पुरखूँ[3] का हुनर तो देखो

सुब्ह की तरह झमकता है शबे-ग़म का उफ़ुक़[4]
'फ़ैज़' ताबन्दगि-ए-दीदए-तर[5] तो देखो

['ज़िन्दाँनामा' से]

मांटगुमरी जेल
4 मार्च, 1955

1. दर्शन की अभिलाशा का उत्साह, 2. उपदेश देनेवालो, 3. ख़ून से भरा हुआ दिल, 4. क्षितिज, 5. आँसू भरी आँखों की चमक।

तिरे ग़म को जाँ की तलाश थी, तिरे जाँ-निसार चले गये

तिरे ग़म को जाँ की तलाश थी, तिरे जाँ-निसार चले गये
तिरी रह में करते थे सर तलब, सरे-रहगुज़ार चले गये

तिरी कज-अदाई[1] से हार के शबे-इन्तिज़ार चली गयी
मिरे ज़ब्ते-हाल[2] से रूठ कर मिरे ग़मगुसार चले गये

न सवाले-वस्ल, न अ'र्ज़े-ग़म, न हिकायतें न शिकायतें
तिरे अ'ह्द[3] में दिले-ज़ार के सभी इख़्तियार चले गये

ये हमीं थे जिनके लिबास पर सरे-रह सियाही लिखी गयी
यही दाग़ थे जो सजा के हम सरे-बज़्मे-यार चले गये

न रहा जुनूने-रुख़े-वफ़ा, ये रसन ये दार करोगे क्या
जिन्हें जुर्मे-इश्क़ पे नाज़ था वो गुनाहगार चले गये

['दस्ते-तहे-संग' से]

जुलाई, 1959

---

1. बाँकी अदाएँ दिखाना, 2. अपनी दशा पर सन्तोष, 3. युग।

न गँवाओ नावके-नीमकश, दिले-रेज़ा-रेज़ा गँवा दिया

न गँवाओ नावके-नीमकश[1], दिले-रेज़ा-रेज़ा गँवा दिया
जो बचे हैं संग समेट लो, तने-दाग़-दाग़ लुटा दिया

मिरे चारागर को नवेद[2] हो, सफ़े-दुश्मनाँ को ख़बर करो
जो वो क़र्ज़ रखते थे जान पर वो हिसाब आज चुका दिया

करो कज जबीं पे सरे-कफ़न, मिरे क़ातिलों को गुमाँ न हो
कि गुरूरे-इश्क़ का बाँकपन पसे-मर्ग[3] हमने भुला दिया

उधर एक हर्फ़ कि कुश्तनी[4], यहाँ लाख उज्र[5] था गुफ़्तनी[6]
जो कहा तो सुन के उड़ा दिया, जो लिखा तो पढ़के मिटा दिया

जो रुके तो कोहे-गराँ[7] थे हम, जो चले तो जाँ से गुज़र गये
रहे-यार हमने क़दम-क़दम तुझे यादगार बना दिया

['दस्ते-तहे-संग' से]

---

1. आधा खिंचा हुआ तीर, 2. ख़ुशख़बरी, 3. मरने के बाद, 4. मार देनेवाला, 5. विवशता, 6. कहने योग्य, 7. बहुत बड़ा पहाड़।

शरहे-बेदर्दिए-हालात न होने पायी

शरहे-बेदर्दिए-हालात[1] न होने पायी
अबके भी दिल की मुदारात[2] न होने पायी

फिर वही वादा जो इक़रार न बनने पाया
फिर वही बात! जो इस्बात[3] न होने पायी

फिर वो परवाने, जिन्हें इज़्ने-शहादत[4] न मिला
फिर वो शम्एँ, कि जिन्हें रात न होने पायी

फिर वही जाँ-ब-लबी[5], लज़्ज़ते-मय से पहले
फिर वो महफ़िल! जो ख़राबात[6] न होने पायी

फिर दमे-दीद[7] रहे चश्मे-ओ-नज़र दीदतलब[8]
फिर शबे-वस्ल मुलाक़ात न होने पायी

फिर वहाँ बाबे-असर[9] जानिये कब बन्द हुआ
फिर यहाँ ख़त्म मुनाजात[10] न होने पायी

---

1. (शरह्=भाष्य) हालात की बेदर्दी का भाष्य यानी लेखा-जोखा न किया जा सका, 2. ख़ातिर-तवाज़ो, सत्कार, दिल की अच्छी तरह तसल्ली करना, 3. सुबूत, सकारात्मक तथ्य; यानी, फिर वही स्थिति हुई जो सकारात्मक 'हाँ' का रूप न ले सकी, 4. शहीद होने की अनुमति, 5. जान होंठों पर आना, 6. मदिरालय, सरमस्तों की महफ़िल, 7. दर्शन की बेला, 8. दर्शन के आकांक्षी, 9. वह द्वार जहाँ विनती-प्रार्थना क़ुबूल हो जाय, उसका असर होता अनुभव हो। 10. प्रार्थना, दुआ, अपने मन की बात कहते हुए, अर्ज़ गुज़ारते हुए, ईश्वर की प्रार्थना और स्तुति करना,

'फ़ैज़' सर पर जो हरेक् रोज़ क़यामत गुज़री
एक भी रोज़े-मुकाफ़ात[11] न होने पायी

['सरे-वादिए-सीना' से]

23 मार्च, 1971

11. (मुकाफ़ात=बदला, किये का फल) अर्थात् क़यामत तो आती रही, फ़ैसले का दिन नहीं आया।

आशोबे-नज़र से की हमने चमन्-आराई

आशोबे-नज़र[1] से की हमने चमन्-आराई
जो शै कि नज़र आयी गुलरंग नज़र आयी

उम्मीदे-तलत्तुफ़ में[2] रंजीदा रहे दोनों
तू और तिरी महफ़िल मैं और् मिरी तनहाई

वाँ मिल्लते-बुल्हवसाँ[3] और शोर्-ए-वफ़ाजूई[4]
याँ ख़िलवते-कमसुख़नाँ[5] और् लज़्ज़ते-रुसवाई

यकजान न हो सकिये, अनजान न बन सकिये
यों टूट गयी दिल में शमशीरे-शनासाई[6]

इस तन की तरफ़ देखो जो क़त्लगहे-दिल[7] है
क्या रक्खा है मक़्तल में, ऐ चश्मे-तमाशाई

['सरे-वादिए-सीना' से]

1. दृष्टि की लालिमा, 2. सरस मिलन के आनन्द की आशा में, 3. वासनालोभी जनों का समाज, 4. प्रेम और मुहब्बत का प्रचार, शोर, 5. (ख़िलवत=एकान्त) मितभाषी जनों का एकान्त, 6.परिचय-रूपी तलवार, 7. भावनाएँ जहाँ क़त्ल हो गयी हैं या खंड-खंड हो गयी हैं–ऐसा स्थान, क़त्लगाह।

कहीं तो कारवाने-दर्द की मंज़िल ठहर जाये

कहीं तो कारवाने-दर्द की मंज़िल ठहर जाये
किनारे आ लगे उम्रे-रवाँ, या दिल ठहर जाये

अमाँ[1] कैसी, कि मौजे-ख़ूँ अभी सर से नहीं गुज़री
गुज़र जाये तो शायद बाज़ुए-क़ातिल ठहर जाये

कोई दम बादबाने-कश्तिए-सहबा[2] को तह रक्खो
ज़रा ठहरो, गुबारे-ख़ातिरे-महफ़िल[3] ठहर जाये

ख़ुमे-साक़ी में जुज़[4] ज़हरे-हलाहल कुछ नहीं बाक़ी
जो हो महफ़िल में इस इक्राम[5] के क़ाबिल, ठहर जाये

हमारी ख़ामुशी बस दिल से लब तक एक वक़्फ़ा[6] है
ये तूफ़ाँ है जो पल भर बर-लबे-साहिल ठहर जाये

निगाहे-मुन्तज़र[7] कब तक करेगी आइनाबन्दी
कहीं तो दश्ते-ग़म[8] में यार का महमिल ठहर जाये

['सरे-वादिए-सीना' से]

---

1. शान्ति, सुरक्षा-भाव, 2. शराब की कश्ती का बादबान, शराब के दौर को मस्ती के झोंके देनेवाली संगत ('कश्ती' शराब के एक क़िस्म के प्याले को भी कहते हैं), 3. महफ़िल के दिल का गुबार, 4. सिवाय, 5. अनुकम्पा, विशेष कृपा, करम, 6. बीचका अवकाश, 7. इन्तिज़ार करनेवाली निगाह, प्रतीक्षा-दृष्टि, 8. दुख और सन्ताप का बियाबान।

हमने सब शे'र में सँवारे थे

हमने सब शे'र में सँवारे थे
हमसे जितने सुख़न[1] तुम्हारे थे

रंग्-ओ-ख़ुशबू के, हुस्न्-ओ-ख़ूबी के
तुमसे थे, जितने इस्तिआरे[2] थे

तेरे क़ौल्-ओ-क़रार से पहले
अपने कुछ और भी सहारे थे

जब वो लाल्-ओ-गुहर[3] हिसाब किये
जो तिरे ग़म ने दिल पे वारे थे
मेरे दामन में आ गिरे सारे
जितने तश्त्-ए-फ़लक[4] के तारे थे

उम्रे-जावेद की[5] दुआ करते
'फ़ैज़', इतने वो कब हमारे थे

['शामे-शहरे-याराँ' से]

1972

1. बातें, कथन, 2. रूपक, 3. लाल और मोती, मानिक-मोती, 4. आकाश की तश्तरी, 5. चिरायु होने की।

न अब रक़ीब, न नासेह, न ग़मगुसार कोई

न अब रक़ीब, न नासेह[1], न ग़मगुसार[2] कोई
तुम आश्ना थे तो थीं आश्नाइयाँ क्या-क्या

जुदा थे हम तो मुयस्सर थीं क़ुरबतें[3] कितनी
बहम[4] हुए तो पड़ी हैं जुदाइयाँ क्या-क्या

पहुँचके दर पे तिरे कितने मो'तबर[5] ठहरे
अगर्चे रह में हुईं जगहँसाइयाँ क्या-क्या

हम ऐसे सादा-दिलों की नियाज़मन्दी[6] से
बुतों ने की हैं जहाँ में ख़ुदाइयाँ क्या-क्या

सितम पे ख़ुश, कभी लुत्फ़-ओ-करम[7] से रंजीदा
सिखायीं तुमने हमें कजअदाइयाँ[8] क्या-क्या

['शामे-शह्रे-याराँ' से]

1974

1. उपदेशक, 2. दुख-दर्द को पूछनेवाला, 3. नैकट्य, निकटताएँ, 4. एक साथ, 5. विश्वासपात्र, 6. भक्ति-विनययुक्त प्रेम, मैत्री, आज्ञाकारिता, सेवा, 7. कृपा, अनुकम्पा, 8. बाँकी अदाएँ।

ये मौसमे-गुल गर्चे तरबख़ेज़ बहुत है

ये मौसमे-गुल गर्चे तरबख़ेज़[1] बहुत है
अहवाले-गुलो-लाला ग़म्अंगेज़[2] बहुत है

ख़ुश[3] दावते-याराँ भी है, यल्ग़ार्-ए-अ'दू[4] भी
क्या कीजिये दिल का! जो कमआमेज़[5] बहुत है

यों पीरे-मुग़ाँ[6] शैख़े-हरम[7] से हुए यकजाँ[8]
मयख़ाने में कमज़र्फ़िए-परहेज़[9] बहुत है

इक गर्दने-मख़लूक़,[10] जो हर हाल में ख़म[11] है
इक बाज़ुए-क़ातिल है, कि ख़ूँरेज़[12] बहुत है

क्यों मश्अले-दिल[13] 'फ़ैज़' छुपाओ तहे-दामाँ
बुझ जायेगी यों भी, कि हवा तेज़ बहुत है

['शामे-शहरे-याराँ' से]

1975

1. आनन्दवर्धक, 2. दुःखद, पीड़ाप्रद, 3. प्रसन्नता की बात, 4. दुश्मन का हमला, 5. मिलना-जुलना कम पसन्द करनेवाला, 6. पीनेवालों यानी मस्तों के अध्यक्ष, गुरु, 7. धर्मगुरु, 8. एकजान, एकप्राण, 9. परहेज़ की तंगदिली, परहेज़ियों के दिल का छोटापन, 10. जनता की गर्दन, 11. झुकी हुई, 12. ख़ून बहानेवाला, रक्तपात का आदी, 13. दिल की मशाल।

हमीं से अपनी नवा हमकलाम होती रही

हमीं से अपनी नवा[1] हमकलाम होती रही
ये तेग़ अपने लहू में नियाम[2] होती रही

मुक़ाबिल्-ए-सफ़े-आ'दा[3] जिसे किया आग़ाज़[4]
वो जंग अपने ही दिल में तमाम[5] होती रही

कोई मसीहा न ईफ़ा-ए-अहद[6] को पहुँचा
बहुत तलाश पसे-क़त्ले-आम[7] होती रही

ये बर्हमन का करम[8], वो अता-ए-शैख़े-हरम[9]
कभी हयात[10] कभी मय[11] हराम होती रही

जो कुछ भी बन न पड़ा, 'फ़ैज़' लुटके यारों से
तो रहज़नों[12] से दुआ-ओ-सलाम होती रही

['शामे-शहरे-याराँ' से]

---

1. आवाज़, स्वर (हमकलाम होती रही=बात करती रही), 2. म्यान, 3. शत्रुओं की पाँत ('सफ़') के मुक़ाबिल यानी आमने-सामने, 4. आरम्भ किया, 5. समाप्त, 6. अपना पैग़म्बरी वचन पूरा करने (पहुँचा), 7. क़त्ले-आम के बाद, सार्वजनिक हत्या के पश्चात्, 8. कृपा, 9. काबे के शैख़ की देन, 'प्रसाद', 10. जीवन, 11. मदिरा, 12. बटमारों, लुटेरों।

हसरते-दीद में गुज़राँ हैं ज़माने कब से

हसरते-दीद में[1] गुज़राँ हैं[2] ज़माने कब से
दश्त्-ए-उम्मीद में[3] गर्दां हैं[4] दिवाने कब से

देर से आँख पे उतरा नहीं अश्कों का अज़ाब[5]
अपने ज़िम्मे है तिरा क़र्ज़ न जाने कब से

किस तरह पाक हो[6] बेआरज़ू लम्हों का हिसाब
दर्द आया नहीं दरबार सजाने कब से

सर करो साज़[7] कि छेड़ें कोई दिलसोज़ ग़ज़ल
'ढूँडता है दिले-शोरीदा[8] बहाने कब से'

पुर करो जाम कि शायद हो इसी लहज़ा[9] रवाँ[10]
रोक रक्खा है जो इक तीर क़ज़ा[11] ने कब से

['शामे-शहरे-याराँ' से]

---

1. दर्शनों की हसरत लिये, 2. गुज़र रहे हैं, 3. आशा के बियाबान में, 4. ख़ाक छान रहे हैं, 5. आँसुओं की पीड़ा, यातना, 6. चुकता हो, बेबाक़ हो, 7. साज़ छेड़ो, 8. उन्मत्त, पागल दिल, 9. क्षण, 10. चल पड़े, छूट पड़े, 11. मौत।

ये किस ख़लिश ने फिर इस दिल में आशियाना किया

ये किस ख़लिश ने फिर इस दिल में आशियाना किया[1]
फिर आज किसने सुख़न हमसे ग़ायबाना[2] किया

ग़मे-जहाँ हो, रुख़े-यार हो, कि दस्ते-अ'दू[3]
सुलूक जिससे किया हमने आशिक़ाना किया

थे ख़ाक्-ए-राह भी हम लोग, क़हर्-ए-तूफ़ाँ[4] भी
सहा तो क्या न सहा, और् किया तो क्या न किया

ख़ुशा[5] कि आज हर् इक मुद्दई[6] के लब पर है
वो राज़, जिसने हमें `राँदए-ज़माना[7] किया

वो हीलागर[8] जो वफ़ा-जू[9] भी है, जफ़ा-ख़ू[10] भी
किया भी 'फ़ैज़' तो किस बुत से दोस्ताना किया

['शामे-शहरे-याराँ' से]

1976

---

1. नीड़ बनाया, 2. परोक्ष रूप से वार्तालाप किया, 3. शत्रु का हाथ, 4. तूफ़ान का प्रकोप, 5. ख़ुशी की बात है, 6. हरएक दावेदार, 7. युग से बहिष्कृत, 8. बहाने बनानेवाला, 9. प्रेम निबाहनेवाला, मुरौवती, 10 क्रूर स्वभाव वाला।

ग़ज़ल के तीन शे'र

वो बुतों ने डाले हैं वसवसे[1] कि दिलों से ख़ौफ़े-ख़ुदा गया
वो पड़ी हैं रोज़ क़यामतें कि ख़याले-रोज़े-जज़ा[2] गया

जो नफ़स[3] था ख़ारे-गुलू[4] बना जो उठे थे हाथ लहू हुए
वो निशात्-ए-आहे-सहर[5] गयी वो वक़ार-ए-दस्ते-दुआ[6] गया

जो तलब पे अहद्-ए-वफ़ा किया[7] तो वो क़द्र-ए-रस्मे-वफ़ा गयी
सरे-आम जब हुए मुद्दई[8] तो सवाब्-ए-सिद्क़-ओ-सफ़ा[9] गया

['शामे-शह्रे-याराँ' से]

1. दुविधाएँ पैदा कर दी हैं, 2. पाप-पुण्य के फल के ईश्वरीय निर्णय (क़यामत) के दिन का ध्यान (भय), 3. साँस, 4. गले का काँटा, 5. सुबह-सुबह (प्रेम या विनय-प्रार्थना में) आह भरने का आत्मिक सुख-सन्तोष, 6. प्रार्थना में उठे हुए हाथों की मर्यादा, 7. कहने पर या माँग करने पर निबाह का प्रण किया, 8. दावेदार, 9. सफ़ाई और निश्छलता का सवाब (पुण्य)।

हैराँ है जबीं आज किधर सज्दा रवा है

हैराँ है जबीं[1] आज किधर सज्दा रवा है
सर पर हैं ख़ुदावन्द[2], सरे-अर्श[3] ख़ुदा है

कब तक इसे सींचोगे तमन्नाए-समर[4] में
यह सब्र का पौदा तो न फूला न फला है

मिलता है ख़िराज इसको तिरी नाने-जवीं[5] से
हर बादशहे-वक़्त तिरे दर का गदा है

हर एक अक़ूबत[6] से है तल्ख़ी में सवातर[7]
वो रंज, जो नाकर्दा[8] गुनाहों की सज़ा है

एहसान लिये कितने मसीहा-नफ़सों[9] के
क्या कीजिये दिल का! न जला है, न बुझा है

['शामे-शह्रे-याराँ' से]

अक्तूबर 1977

---

1. माथा (माथा झुकाना रवा है अर्थात् धर्मसम्मत है), 2. मालिक, 3. सबसे ऊपर, सारे आसमानों के ऊपर, 4. फल की आशा में, 5. जौ की रोटी (रूखी-सूखी रोटी), 6. यातना, 7. बढ़कर, बढ़ा हुआ, 8. जो नहीं किये गये (ऐसे गुनाहों), 9. मसीहा के समान नये प्राण फूँकने की शक्ति रखनेवाले लोगों।

नज़्में

सुरूदे-शबाना*

गुम है इक कैफ़[1] में फ़ज़ा-ए-हयात[2]
ख़ामुशी सज्दए-नियाज़[3] में है
हुस्ने-मा'सूम ख़्वाबे-नाज़ में है

ऐ कि तू रंग-ओ-बू का तूफ़ाँ है
ऐ कि तू जल्वागर बहार में है
ज़िन्दगी तेरे इख़्तियार में है
फूल लाखों बरस नहीं रहते
दो घड़ी और है बहारे-शबाब
आ कि कुछ देर सुन-सुना लें हम
आ मुहब्बत के गीत गा लें हम

मेरी तनहाइयों पे शाम रहे
हसरते-दीद[4] नातमाम रहे
दिल में बेताब है सदा-ए-हयात[5]
आँख गौहर निसार[6] करती है
आसमाँ पर उदास हैं तारे
चाँदनी इन्तिज़ार करती है

आ कि थोड़ा-सा प्यार कर लें हम
ज़िन्दगी ज़रनिगार[7] कर लें हम

['नक़्शे-फ़रियादी' से]

---

* 'रात्रि की संगीत-लहरी', 1. नशा, 2. जीवन का वातावरण, 3. श्रद्धा से झुकना, 4. दर्शन की अभिलाषा, 5. जीवन-स्वर, 6. निछावर, 7. स्वर्णिम।

तहे-नुजूम

तहे-नुजूम[1] कहीं चाँदनी के दामन में
हुजूमे-शौक़[2] से इक दिल है बेक़रार अभी
ख़ुमारे-ख़्वाब से लबरेज़ अहमरीं[3] आँखें
सफ़ेद रुख़ पे परीशान अ'म्बरीं[4] आँखें
छलक रही है जवानी हर् इक बुने-मू[5] से
रवाँ हो बर्गे-गुले-तर से जैसे सैले-शमीम[6]
ज़िया-ए-मह[7] में दमकता है रंगे-पैराहन
अदा-ए-इ'ज्ज़[8] से आँचल उड़ा रही है नसीम
दराज़ क़द की लचक से गुदाज़ पैदा है
अदा-ए-नाज़ से रंगे-नियाज़ पैदा है
उदास आँखों में ख़ामोश इल्तिजाएँ हैं
दिले-हज़ीं[9] में कई जाँ-ब-लब दुआएँ हैं
तहे-नुजूम कहीं चाँदनी के दामन में
किसी का हुस्न है मसरूफ़े-इन्तिज़ार अभी
कहीं ख़याल के आबादकर्दा गुलशन में
है एक गुल कि है नावाक़िफ़े-बहार अभी

['नक़्शे-फ़रियादी' से]

1. सितारों के नीचे, 2. उमंगों की भीड़, 3. लाल, 4. सुगन्धित, 5. रोम-रोम, 6. ठंडी हवा का झोंका, 7. चाँद की रौशनी, 8. कोमलता, 9. व्यथित हृदय।

मुझसे पहली-सी मुहब्बत मिरी महबूब न माँग

मुझसे पहली-सी मुहब्बत मिरी महबूब न माँग
मैंने समझा था कि तू है तो दरख़्शाँ[1] है हयात[2]
तेरा ग़म है तो ग़मे-दह्‌र[3] का झगड़ा क्या है?
तेरी सूरत से है आलम में बहारों को सबात[4]
तेरी आँखों के सिवा दुनिया में रक्खा क्या है?
तू जो मिल जाये तो तक़दीर निगूँ[5] हो जाये
यूँ न था, मैंने फ़क़त चाहा था यूँ हो जाये

और भी दुख हैं ज़माने में मुहब्बत के सिवा
राहतें और भी हैं वस्ल[6] की राहत के सिवा
अनगिनत सदियों के तारीक बहीमाना[7] तिलिस्म
रेशम-ओ-अतलस-ओ-कमख़्वाब में बुनवाये हुए
जा-ब-जा बिकते हुए कूचओ-बाज़ार में जिस्म
ख़ाक में लिथड़े हुए, ख़ून में नहलाये हुए
जिस्म निकले हुए अमराज़[8] के तन्नूरों से
पीप बहती हुई गलते हुए नासूरों से

लौट जाती है उधर को भी नज़र क्या कीजे
अब भी दिलकश है तिरा हुस्न मगर क्या कीजे

---

1. चमकदार, 2. जीवन, 3. दुनिया का दुख, 4. स्थिरता, 5. उलट जाना, बदल जाना, 6. प्रणय, 7. पाशविक, बर्बर, 8. बीमारियाँ।

और भी दुख हैं ज़माने में मुहब्बत के सिवा
राहतें और भी हैं वस्ल की राहत के सिवा
मुझसे पहली-सी मुहब्बत मिरी महबूब न माँग!

['नक़्शे-फ़रियादी' से]

रक़ीब से

आ कि वाबस्ता[1] हैं उस हुस्न की यादें तुझसे
जिसने इस दिल को परीख़ाना बना रक्खा था
जिसकी उल्फ़त में भुला रक्खी थी दुनिया हमने
दह्र[2] को दह्र का अफ़साना बना रक्खा था

आशना हैं तिरे क़दमों से वो राहें जिन पर
उसकी मदहोश जवानी ने इनायत की है
कारवाँ गुज़रे हैं जिनसे उसी रा'नाई[3] के
जिसकी इन आँखों ने बे-सूद[4] इबादत[5] की है

तुझसे खेली हैं वो महबूब हवाएँ जिनमें
उसके मलबूस[6] की अफ़्सुर्दा[7] महक बाक़ी है
तुझ पे भी बरसा है उस बाम से महताब का नूर
जिसमें बीती हुई रातों की कसक बाक़ी है

तूने देखी है वो पेशानी[8], वो रुख़सार[9], वो होंट
ज़िन्दगी जिनके तसव्वुर[10] में लुटा दी हमने
तुझ पे उट्ठी हैं वो खोयी हुई साहिर[11] आँखें
तुझको मालूम है क्यों उम्र गँवा दी हमने

---

1. जुड़ी हुई, 2. दुनिया, 3. छटा, 4. व्यर्थ, 5. उपासना, पूजा, 6. वस्त्र, 7. उदास, 8. माथा, 9. गाल, 10. कल्पना, 11. जादूगर,

हम पे मुश्तरका[12] हैं एहसान ग़मे-उल्फ़त के
इतने एहसान कि गिनवाऊँ तो गिनवा न सकूँ
हमने इस इश्क़ में क्या खोया है क्या सीखा है
जुज़ तिरे[13] और को समझाऊँ तो समझा न सकूँ

आजिज़ी[14] सीखी, ग़रीबों की हिमायत सीखी
यास्-ओ-हिरमान[15] के, दुख-दर्द के मानी सीखे
ज़ेरदस्तों[16] के मसाइब[17] को समझना सीखा
सर्द आहों के, रुख़े-ज़र्द के मा'नी सीखे

जब कहीं बैठ के रोते हैं वो बेकस जिनके
अश्क आँखों में बिलकते हुए सो जाते हैं
नातवानों के निवालों पे झपटते हैं उक़ाब[18]
बाज़ू तोले हुए मँडलाते हुए आते हैं

जब कभी बिकता है बाज़ार में मज़दूर का गोश्त
शाहराहों पे ग़रीबों का लहू बहता है
या कोई तोंद का बढ़ता हुआ सैलाब लिये
फ़ाक़ामस्तों को डुबोने के लिए कहता है

आग-सी सीने में रह-रह के उबलती है, न पूछ
अपने दिल पर मुझे क़ाबू ही नहीं रहता है।

['नक़्शे-फ़रियादी' से]

---

12. समान, 13. तेरे सिवाय, 14. विनम्रता, 15. निराशा और दुख, 16. अधीन, असहाय, 17. मुसीबतों, 18. गिद्ध।

तनहाई

फिर कोई आया दिले-ज़ार! नहीं कोई नहीं
राहरौ[1] होगा, कहीं और चला जायेगा
ढल चुकी रात, बिखरने लगा तारों का गुबार[2]
लड़खड़ाने लगे ऐवानों[3] में ख़्वाबीदा चिराग़
सो गयी रास्ता तक-तक के हर् इक राहगुज़ार
अजनबी ख़ाक ने धुँदला दिये क़दमों के सुराग़
गुल करो शम्एँ, बढ़ा दो मय-ओ-मीना-ओ-अयाग़[4]
अपने बे-ख़्वाब किवाड़ों को मुक़फ़्फ़ल कर लो
अब यहाँ कोई नहीं, कोई नहीं आयेगा

['नक़्शे-फ़रियादी' से]

---

1. पथिक, 2. धूल, 3. महलों, 4. शराब, सुराही और प्याला।

चन्द रोज़ और मिरी जान!

चन्द रोज़ और मिरी जान! फ़क़त चन्द ही रोज़
ज़ुल्म की छाँव में दम लेने पे मजबूर हैं हम
और कुछ देर सितम सह लें, तड़प लें, रो लें
अपने अजदाद[1] की मीरास[2] है मा'ज़ूर[3] हैं हम
जिस्म पर क़ैद है, जज़्बात पर ज़ंजीरें हैं
फ़िक्र महबूस[4] है, गुफ़्तार पे ता'ज़ीरें[5] हैं

अपनी हिम्मत है कि हम फिर भी जिये जाते हैं
ज़िन्दगी क्या किसी मुफ़लिस की क़बा है जिसमें
हर घड़ी दर्द के पैवन्द लगे जाते हैं
लेकिन अब ज़ुल्म की मीअ'ाद के दिन थोड़े हैं
इक ज़रा सब्र, कि फ़रियाद के दिन थोड़े हैं

अ'र्सए-दह्र[6] की झुलसी हुई वीरानी में
हमको रहना है तो यूँ ही तो नहीं रहना है
अजनबी हाथों का बे-नाम गराँबार[7] सितम
आज सहना है हमेशा तो नहीं सहना है

ये तिरे हुस्न से लिपटी हुई आलाम[8] की गर्द
अपनी दो-रोज़ा जवानी की शिकस्तों का शुमार

---

1. पूर्वज, 2. देन, धरोहर, 3. लाचार, 4. बन्दी, 5. प्रतिबन्ध, 6. संसार का मैदान, 7. भारी, बोझिल, 8. दुख।

चाँदनी रातों का बेकार दहकता हुआ दर्द
दिल की बे-सूद तड़प, जिस्म की मायूस पुकार
चन्द रोज़ और मिरी जान! फ़क़त चन्द ही रोज़!

['नक़्शे-फ़रियादी' से]

कुत्ते

ये गलियों के आवारा बेकार कुत्ते
कि बख़्शा गया जिनको ज़ौक़े-गदाई[1]
ज़माने की फिटकार सरमाया[2] इनका
जहाँ-भर की धुतकार इनकी कमाई

न आराम शब को, न राहत सवेरे
ग़लाज़त में घर, नालियों में बसेरे
जो बिगड़ें तो इक दूसरे से लड़ा दो
ज़रा एक रोटी का टुकड़ा दिखा दो
ये हर एक की ठोकरें खानेवाले
ये फ़ाक़ों से उकता के मर जानेवाले

ये मज़लूम[3] मख़लूक़[4] गर सर उठाये
तो इनसान सब सरकशी[5] भूल जाये
ये चाहें तो दुनिया को अपना बना लें
ये आक़ाओं[6] की हड्डियाँ तक चबा लें

कोई इनको एहसासे-ज़िल्लत[7] दिला दे
कोई इनकी सोयी हुई दुम हिला दे

['नक़्शे-फ़रियादी' से]

---

1. भीख माँगने की रुचि, 2. पूँजी, 3. दलित-पीड़ित, 4. प्राणी, 5. घमंड, 6. मालिकों, 7. अपमान का आभास।

बोल...

बोल, कि लब आज़ाद हैं तेरे
बोल, ज़बाँ अब तक तेरी है
तेरा सुतवाँ जिस्म है तेरा
बोल, कि जाँ अब तक तेरी है!

देख कि आहनगर[1] की दुकाँ में
तुन्द हैं शो'ले, सुर्ख़ है आहन
खुलने लगे क़ुफ़्लों के दहाने[2]
फैला हर इक ज़ंजीर का दामन!

बोल, ये थोड़ा वक़्त बहुत है
जिस्म-ओ-ज़बाँ की मौत से पहले
बोल, कि सच ज़िन्दा है अब तक
बोल, जो कुछ कहना है कह ले!

['नक़्शे-फ़रियादी' से]

---

1. लोहार, 2. तालों के जबड़े।

मौज़ू-ए-सुख़न

गुल हुई जाती है अफ़्सुर्दा सुलगती हुई शाम
धुलके निकलेगी अभी चश्मए-महताब से रात
और—मुश्ताक़[1] निगाहों की सुनी जायेगी
और—उन हाथों से मस[2] होंगे ये तरसे हुए हात

उनका आँचल है, कि रुख़सार, कि पैराहन[3] है
कुछ तो है जिससे हुई जाती है चिलमन रंगीं
जाने उस ज़ुल्फ़ की मौहूम[4] घनी छाँओं में
टिमटिमाता है वो आवेज़ा[5] अभी तक कि नहीं?

आज फिर हुस्ने-दिलूआरा[6] की वही धज होगी
वही ख़्वाबीदा-सी आँखें, वही काजल की लकीर
रंगे-रुख़सार पे हल्का-सा वह ग़ाज़े का गुबार
सन्दली हाथ पे धुँधली-सी हिना की तहरीर[7]

अपने अफ़कार[8] की, अशअ'ार की दुनिया है यही
जाने-मज़मूँ[9] है यही, शाहिदे-मा'नी[10] है यही

आज तक सुर्ख़-ओ-सियह सदियों के साये के तले
आदम्-ओ-हव्वा की औलाद पे क्या गुज़री है?
मौत और् ज़ीस्त की रोज़ाना सफ़आराई[11] में
हम पे क्या गुज़रेगी, अज्दाद[12] पे क्या गुज़री है?

['नक़्शे-फ़रियादी' से]

---

1. उत्सुक, लालायित, 2. स्पर्श, 3. वस्त्र, 4. हल्की, धुँधली, 5. कान का कुंडल, 6. मनमोहक रूप, 7. रेखाएँ, लिखाई, 8. विचारों, 9. विषय का सार-तत्त्व, 10. अर्थ की सुन्दरता, 11. मोर्चेबन्दी, 12. पूर्वज।

सियासी लीडर के नाम

सालहा-साल ये बे-आसरा, जकड़े हुए हात
रात के सख़्त-ओ-सियह् सीने में पैवस्त रहे
जिस तरह तिनका समन्दर से हो सरगर्मे-सितेज़[1]
जिस तरह तीतरी कुह्सार[2] पे यल्ग़ार[3] करे

और अब रात के संगीन्-ओ-सियह सीने में
इतने घाव हैं कि जिस सिम्त नज़र जाती है
जा-ब-जा[4] नूर ने इक जाल-सा बुन रक्खा है
दूर से सुबूह की धड़कन की सदा आती है

तेरा सरमाया, तिरी आस यही हात तो हैं
और कुछ है भी तिरे पास? यही हात तो हैं
तुझको मंज़ूर नहीं ग़ल्बए-ज़ुल्मत[5] लेकिन
तुझको मंज़ूर है ये हाथ क़लम हो जायें
और मशरिक़[6] की कमींगह[7] में धड़कता हुआ दिन
रात की आहनी मय्यत[8] के तले दब जाये।

['नक़्शे-फ़रियादी' से]

---

1. संघर्षरत, 2. पहाड़, 3. हमला, 4. जगह-जगह, 5. अँधेरे का प्रभुत्व, 6. पूरब, 7. शिकार की ताक में छिपकर बैठने की जगह, 8. लाश।

ऐ दिले-बेताब, ठहर

तीरगी[1] है कि उमँडती ही चली आती है
शब की रग-रग से लहू फूट रहा हो जैसे
चल रही है कुछ इस अन्दाज़ से नब्ज़े-हस्ती
दोनों आलम का नशा टूट रहा हो जैसे

रात का गर्म लहू और भी बह जाने दो
यही तारीकी तो है ग़ाज़ए-रुख़सारे-सहर[2]
सुबह होने ही को है, ऐ दिले-बेताब, ठहर

अभी ज़ंजीर छनकती है पसे-पर्दए-साज़[3]
मुतलक़-उल्-हुक्म[4] है शीराज़ए-अस्बाब[5] अभी
साग़रे-नाब[6] में आँसू भी ढलक जाते हैं
लग्ज़िशे-पा[7] में है पाबन्दि-ए-आदाब[8] अभी

अपने दीवानों को दीवाना तो बन लेने दो
अपने मयख़ानों को मयख़ाना तो बन लेने दो
जल्द यह सत्वते-अस्बाब[9] भी उठ जायेगी
यह गराँबारि-ए-आदाब[10] भी उठ जायेगी
ख़्वाह ज़ंजीर छनकती ही, छनकती ही रहे

['नक़्शे-फ़रियादी' से]

---

1. अँधेरा, 2. प्रातःकाल के गालों की लाली, 3. साज़ के पर्दे के पीछे, 4. निरंकुश, 5. कारणों का क्रम, 6. शराब का प्याला, 7. पैरों की लड़खड़ाहट, 8. शिष्टता या व्यवस्था का प्रतिबन्ध, 9. कारणों की सत्ता, 10. व्यवस्था का बोझ।

मिरे हमदम, मिरे दोस्त!

गर मुझे इसका यक़ीं हो, मिरे हमदम, मिरे दोस्त!
गर मुझे इसका यक़ीं हो कि तेरे दिल की थकन
तेरी आँखों की उदासी, तेरे सीने की जलन
मेरी दिलजोई, मिरे प्यार से मिट जायेगी
गर मिरा हर्फ़े-तसल्ली वो दवा हो जिससे
जी उठे फिर तिरा उजड़ा हुआ बे-नूर दिमाग़
तेरी पेशानी से धुल जायें ये तज़्लील[1] के दाग़
तेरी मद्क़ूक़[2] जवानी को शिफ़ा हो जाये

गर मुझे इसका यक़ीं हो, मिरे हमदम, मिरे दोस्त!
रोज़-ओ-शब, शाम-ओ-सहर, मैं तुझे बहलाता रहूँ
मैं तुझे गीत सुनाता रहूँ हल्के, शीरीं
आबशारों के, बहारों के, चमनज़ारों के गीत
आमदे-सुब्ह के, महताब के, सय्यारों[3] के गीत

तुझसे मैं हुस्न-ओ-मुहब्बत की हिकायात[4] कहूँ
कैसे मग़रूर हसीनाओं के बर्फ़ाब[5] से जिस्म
गर्म हाथों की हरारत में पिघल जाते हैं
कैसे इक चेहरे के ठहरे हुए मानूस[6] नुक़ूश
देखते-देखते यकलख़्त बदल जाते हैं
किस तरह अ'ारिज़े-महबूब का शफ़्फ़ाफ़ बिल्लौर[7]
यक-ब-यक बादए-अहमर[8] से दहक जाता है

---

1. अपमान, 2. क्षयग्रस्त, 3. सितारों, 4. कहानियाँ, 5. ठंडे, 6. परिचित, 7. सुरा-पात्र, 8. लाल रंग की शराब,

कैसे झुकती है सरे-शाख़ से ख़ुद बर्गे-गुलाब[9]
किस तरह रात का ऐवान[10] महक जाता है
यों ही गाता रहूँ, गाता रहूँ, तेरी ख़ातिर
गीत बुनता रहूँ, बैठा रहूँ तेरी ख़ातिर

पर मिरे गीत तिरे दुख का मुंदावा[11] तो नहीं
नग़्मा जर्राह नहीं, मूनिस्-ओ-ग़मख़्वार[12] सही
गीत नश्तर तो नहीं, मरहमे-आज़ार सही
तेरे आज़ार का चारा नहीं नश्तर के सिवा
और् ये सफ़्फ़ाक[13] मसीहा मिरे क़ब्ज़े में नहीं
हाँ मगर तेरे सिवा, तेरे सिवा, तेरे सिवा!

['नक़्शे-फ़रियादी' से]

---

9. गुलाब की पंखड़ी, 10. भवन, 11. उपचार, 12. साथी और हमदर्द, 13. अत्याचारी।

मताए-लौह-ओ-क़लम

मताए-लौह-ओ-क़लम[1] छिन गयी तो क्या ग़म है
कि ख़ूने-दिल में डुबो ली हैं उँगलियाँ मैंने
ज़बाँ पे मुहूर लगी है तो कया, कि रख दी है
हर एक हल्क़ए-ज़ंजीर में ज़बाँ मैंने

['दस्ते-सबा' से]

1. क़लम और तख़्ती की पूँजी।

सुब्हे-आज़ादी

[अगस्त, '47]

ये दाग़-दाग़ उजाला, ये शबगज़ीदा[1] सहर
वो इन्तिज़ार था जिसका, ये वो सहर तो नहीं
ये वो सहर तो नहीं जिसकी आरज़ू लेकर
चले थे यार कि मिल जायेगी कहीं न कहीं
फ़लक के दश्त में तारों की आख़िरी मंज़िल
कहीं तो होगा शबे-सुस्तमौज का साहिल
कहीं तो जाके रुकेगा सफ़ीनए-ग़मे-दिल
जवाँ लहू की पुर-असरार[2] शाहराहों से
चले जो यार तो दामन पे कितने हाथ पड़े
दयारे-हुस्न की बे-सब्र ख़्वाबगाहों से
पुकारती रहीं बाँहें, बदन बुलाते रहे
बहुत अज़ीज़ थी लेकिन रुख़े-सहर की लगन
बहुत क़रीं[3] था हसीनान्-ए-नूर का दामन
सुबुक-सुबुक थी तमन्ना, दबी-दबी थी थकन

सुना है हो भी चुका है फ़िराक़े-ज़ुल्मत-ओ-नूर[4]
सुना है हो भी चुका है विसाले-मंज़िल्-ओ-गाम[5]
बदल चुका है बहुत अह्ले-दर्द का दस्तूर
निशाते-वस्ल हलाल्-ओ-अज़ाबे-हिज्र[6] हराम
जिगर की आग, नज़र की उमंग, दिल की जलन
किसी पे चारए-हिज्राँ[7] का कुछ असर ही नहीं

['दस्ते-सबा' से]

---

1. रात की डसी हुई, 2. रहस्यमय, 3. निकट, 4. अँधेरे और रौशनी का अलगाव, 5. मंज़िल और क़दम का मिलन, 6. विरह की मुसीबत, 7. विरह का समाधान।

लौह-ओ-क़लम

हम परवरिशे-लौह-ओ-क़लम करते रहेंगे
जो दिल पे गुज़रती है रक़म करते रहेंगे
असबाबे-ग़मे-इश्क़ बहम[1] करते रहेंगे
वीरानि-ए-दौराँ पे करम करते रहेंगे
हाँ, तल्ख़ि-ए-अय्याम[2] अभी और बढ़ेगी
हाँ, अहले-सितम मश्क़े-सितम करते रहेंगे
मंज़ूर ये तल्ख़ी, ये सितम हमको गवारा
दम है तो मुदावा-ए-अलम[3] करते रहेंगे
मयख़ाना सलामत है तो हम सुर्ख़ि-ए-मय से
तज़ईने-दर-ओ-बामे-हरम[4] करते रहेंगे
बाक़ी है लहू दिल में तो हर अश्क से पैदा
रंगे-लब-ओ-रुख़सारे-सनम करते रहेंगे
इक तर्ज़े-तग़ाफ़ुल है सो वो उनको मुबारक
इक अर्ज़े-तमन्ना है सो हम करते रहेंगे

['दस्ते-सबा' से]

1. प्रेम-व्यथा के कारण जुटाना, 2. दिनों की कटुता, 3. दुख का इलाज, 4. मस्जिद के दर और छत की सजावट।

दो आवाज़ें

पहली आवाज़

अब सई[1] का इमकाँ[2] और नहीं, परवाज़[3] का मज़मूँ हो भी चुका
तारों पे कमन्दें फेंक चुके, महताब पे शबख़ूँ[4] हो भी चुका
अब और किसी फ़र्दा[5] के लिए इन आँखों से क्या पैमाँ[6] कीजे
किस ख़्वाब के झूटे अफ़सूँ[7] से तस्कीने-दिले-नादाँ कीजे
जीने के फ़साने रहने दो, अब इनमें उलझ कर क्या लेंगे
इक मौत का धन्दा बाक़ी है, जब चाहेंगे निबटा लेंगे
ये तेरा कफ़न, वो मेरा कफ़न, ये मेरी लहद, वो तेरी है

दूसरी आवाज़

हस्ती की मताए'-बेपायाँ
जागीर तिरी है न मेरी है
इस बज़्म में अपनी मश्अ'ले-दिल
बिस्मिल है तो क्या रख़्शाँ है तो क्या
ये बज़्म चिराग़ाँ रहती है
इक ताक़ अगर वीराँ है तो क्या
अफ़्सुर्दा हैं गर अय्याम तिरे
बदला नहीं मस्लके-शाम-ओ-सहर[8]
ठहरे नहीं मौसमे-गुल के क़दम
क़ायम है जमाले-शम्स-ओ-क़मर[9]

---

1. कोशिश, 2. सम्भावना, 3. उड़ान, 4. रात के समय हमला, 5. भविष्य, 6. वादा, 7. जादू, 8. शाम और सुबह का रास्ता (क्रम), 9. सूरज और चाँद की सुन्दरता,

आबाद है वादि-ए-काकुल-ओ-लब[10]
शादाब-ओ-हसीं गुलगश्ते-नज़र[11]
मक़्सूम[12] है लज़्ज़ते-दर्दे-जिगर
मौजूद है ने'मते-दीदए-तर
इस दीदए-तर का शुक्र करो
इस ज़ौक़े-नज़र का शुक्र करो
इस शाम-ओ-सहर का शुक्र करो
इस शम्स-ओ-क़मर का शुक्र करो

पहली आवाज़

गर है यही मस्लके-शम्स-ओ-क़मर
इन शम्स-ओ-क़मर का क्या होगा
रा'नाइ-ए-शब का क्या होगा
अन्दाज़े-सहर का क्या होगा
जब ख़ूने-जिगर बर्फ़ाब बना
जब आँखें आहनपोश हुईं
इस दीदए-तर का क्या होगा
इस ज़ौक़े-नज़र का क्या होगा
जब शे'र के ख़ेमे राख हुए
नग़्मों की तनाबें टूट गयीं
ये साज़ कहाँ सर फोड़ेंगे
इस किल्के-गुहर[13] का क्या होगा
जब कुंजे-क़फ़स मस्कन[14] ठहरा
और जैब-ओ-गिरेबाँ तौक़-ओ-रसन[15]
आये कि न आये मौसमे-गुल
इस दर्दे-जिगर का क्या होगा

10. लटों और होंठों की घाटी, 11. नज़र का बाग़ में टहलना, 12. बँटी हुई, 13. मोती बिखेरनेवाला क़लम, 14. रहने की जगह, 15. गले का फन्दा,

दूसरी आवाज़

ये हाथ सलामत हैं जब तक
इस ख़ूँ में हरारत है जब तक
इस दिल में सदाक़त[16] है जब तक
इस नुत्क़[17] में ताक़त है जब तक
इन तौक़-ओ-सलासिल को हम तुम
सिखलायेंगे शोरिशे-बरबत-ओ-नै[18]
वो शोरिश जिसके आगे ज़ुबूँ[19]
हंगामए - मतबले - क़ैसर-ओ-कै[20]
आज़ाद हैं अपने फ़िक्र-ओ-अमल
भरपूर ख़ज़ीना[21] हिम्मत का
इक उम्र है अपनी हर साअ'त
इमरोज़ है अपना हर फ़र्दा
ये शाम-ओ-सहर, ये शम्स-ओ-क़मर
ये अख़्तर-ओ-कौकब[22] अपने हैं
ये लौह-ओ-क़लम, यह तब्ल्-ओ-अ'लम[23]
ये माल-ओ-हशम[24] सब अपने हैं

['दस्ते-सबा' से]

---

16. सच्चाई, 17. वाणी, 18. नै=बाँसुरी, 19. तुच्छ, 20. रोम के बादशाह क़ैसर और ईरान के कैख़ुसरो के नक़्क़ारख़ाने का शोर, 21. भंडार, 22. सितारे, 23. डंका और झंडा, 24. सम्पत्ति और नौकर-चाकर।

सरे-मक़्तल

[क़व्वाली]

कहाँ है मंज़िले-राहे-तमन्ना हम भी देखेंगे
ये शब हम पर भी गुज़रेगी, ये फ़र्दा हम भी देखेंगे
ठहर ऐ दिल, जमाले-रू-ए-ज़ेबा[1] हम भी देखेंगे
ज़रा सैक़ल[2] तो हो ले तश्नगी बादा-गुसारों की
दबा रखेंगे कब तक जोशे-सहूबा हम भी देखेंगे
उठा रखेंगे कब तक जाम-ओ-मीना हम भी देखेंगे
सला[3] आ तो चुके महफ़िल में उस कू-ए-मलामत[4] से
किसे रोकेगा शोरे-पंदे-बेजा[5] हम भी देखेंगे
किसे है जाके लौट आने का यारा हम भी देखेंगे
चले हैं जान-ओ-ईमाँ आज़माने आज दिलवाले
वो लायें लश्करे-अग़यार-ओ-आ'दा[6] हम भी देखेंगे
वो आयें तो सरे-मक़्तल[7], तमाशा हम भी देखेंगे
ये शब की आख़िरी साअ'त गराँ कैसी भी हो हमदम
जो इस साअ'त में पिन्हाँ है उजाला हम भी देखेंगे
जो फ़र्क़े-सुब्ह[8] पर चमकेगा तारा हम भी देखेंगे

['दस्ते-सबा' से]

---

1. सुन्दर मुखड़े का रूप, 2. तेज़, धारदार, 3. आवाज़, 4. निन्दा की गली, 5. अनुचित उपदेश का शोर, 6. दुश्मन की फ़ौज, 7. क़त्ल करने की जगह पर, 8. सुब्ह का माथा।

तराना

दरबारे-वतन में जब इक दिन सब जानेवाले जायेंगे
कुछ अपनी सज़ा को पहुँचेंगे, कुछ अपनी जज़ा[1] ले जायेंगे
ऐ ख़ाकनशीनो, उठ बैठो, वो वक़्त क़रीब आ पहुँचा है
जब तख़्त गिराये जायेंगे, जब ताज उछाले जायेंगे
अब टूट गिरेंगी ज़ंजीरें, अब ज़िन्दानों[2] की ख़ैर नहीं
जो दरिया झूमके उट्‌ठे हैं, तिनकों से न टाले जायेंगे
कटते भी चलो, बढ़ते भी चलो, बाज़ू भी बहुत हैं, सर भी बहुत
चलते भी चलो कि अब डेरे मंज़िल ही पे डाले जायेंगे
ऐ ज़ुल्म के मातो, लब खोलो, चुप रहनेवालो, चुप कब तक
कुछ हश्र तो उनसे उट्‌ठेगा, कुछ दूर तो नाले[3] जायेंगे

['दस्ते-सबा' से]

1. पुरस्कार, 2. जेलख़ानों, 3. आर्तनाद, चीत्कार।

दो इश्क़

(1)

ताज़ा हैं अभी याद में ऐ साक़िए-गुलफ़ाम[1]
वो अक्से-रुख़े-यार से महके हुए अय्याम[2]
वो फूल-सी खिलती हुई दीदार की साअत
वो दिल-सा धड़कता हुआ उम्मीद का हंगाम

उम्मीद कि लो जागा ग़मे-दिल का नसीबा
लो शौक़ की तरसी हुई शब हो गयी आख़िर
लो डूब गये दर्द के बे-ख़्वाब सितारे
अब चमकेगा बे-सब्र निगाहों का मुक़द्दर

इस बाग़ से निकलेगा तिरे हुस्न का ख़ुरशीद[3]
उस कुंज से फूटेगी किरन रंगे-हिना की
इस दर से बहेगा तिरी रफ़्तार का सीमाब[4]
उस राह पे फूलेगी शफ़क़[5] तेरी क़बा की

फिर देखे हैं वो हिज्र के तपते हुए दिन भी
जब फ़िक्रे-दिल-ओ-जाँ में फ़ुग़ाँ[6] भूल गयी है
हर शब वो सियह बोझ कि दिल बैठ गया है
हर सुब्ह की लौ तीर-सी सीने में लगी है

1. फूल-जैसा साक़ी, 2. दिन, 3. सूरज, 4. पारा, 5. सूर्यास्त की लाली, 6. विलाप,

तनहाई में क्या-क्या न तुझे याद किया है
क्या-क्या न दिले-ज़ार ने ढूँडी हैं पनाहें
आँखों से लगाया है कभी दस्ते-सबा को
डाली हैं कभी गर्दने-महताब में बाँहें

(2)

चाहा है उसी रंग में लैला-ए-वतन को
तड़पा है उसी तौर से दिल उसकी लगन में
ढूँडी है यूँही शौक़ ने आसाइशे-मंज़िल[7]
रुख़सार के ख़म में कभी काकुल[8] की शिकन में

इस जाने-जहाँ को भी यूँही क़ल्ब-ओ-नज़र[9] ने
हँस-हँसके सदा दी, कभी रो-रोके पुकारा
पूरे किये सब हर्फ़े-तमन्ना के तक़ाज़े
हर दर्द को उजियाला, हरेक ग़म को सँवारा

वापस नहीं फेरा कोई फ़रमान जुनूँ का
तनहा नहीं लौटी कभी आवाज़ जरस[10] की
ख़ैरीयते-जाँ, राहते-तन[11] सेहते-दामाँ[12]
सब भूल गयीं मसलहतें अह्ले-हवस की

इस राह में जो सब पे गुज़रती है वो गुज़री
तनहा पसे-ज़िन्दाँ कभी रुस्वा[13] सरे-बाज़ार
गरजे हैं बहुत शैख़ सरे-गोशए-मिम्बर[14]
कड़के हैं बहुत अह्ले-हकम[15] बर-सरे-दरबार[16]

---

7. मंज़िल का सहारा, 8. केश, 9. हृदय और दृष्टि, 10. घंटा, 11. शरीर का सुख, 12. दामन का सुरक्षित रहना, 13. बदनाम, 14. मंच पर से, 15. अधिकारी, 16. दरबार में,

छोड़ा नहीं ग़ैरों ने कोई नावके-दुश्नाम[17]
छूटी नहीं अपनों से कोई तर्ज़े-मलामत[28]
इस इश्क़ न उस इश्क़ पे नादिम[10] है मगर दिल
हर दाग़ है इस दिल में ब-जुज़ दाग़े-नदामत[20]

['दस्ते-सबा' से]

17. गाली का तीर, 18. निन्दा का ढंग, 19. लज्जित, 20. लज्जा के कलंक के अलावा।

ईरानी तुलबा के नाम

(जो अम्न और आज़ादी की जद्द-ओ-जेह्द में काम आये)

"ये कौन सख़ी[1] हैं
जिनके लहू की
अश्रफ़ियाँ छन्-छन्, छन्-छन्
धरती की पैहम[2] प्यासी
कश्कोल[3] में ढलती जाती हैं
कश्कोल को भरती जाती हैं

ये कौन जवाँ हैं, अर्ज़े-अजम,[4]
ये लखलुट[5]
जिनके जिस्मों की
भरपूर जवानी का कुन्दन
यूँ ख़ाक में रेज़ा-रेज़ा है
यूँ कूचा-कूचा बिखरा है
ऐ अर्ज़े-अजम, ऐ अर्ज़े-अजम,
क्यों नोचके हँस-हँस फेंक दिये
इन आँखों ने अपने नीलम
इन होंटों ने अपने मर्जाँ[6]
इन हाथों की बेकल चाँदी
किस काम आयी, किस हाथ लगी?"

1. दानी, 2. निरन्तर, 3. भीख का पात्र, 4. ईरान, 5. लाखों लुटानेवाले, 6. मूँगा,

"ऐ पूछनेवाले परदेसी,
ये तिफ़्ल्-ओ-जवाँ
उस नूर के नौरस[7] मोती हैं
उस आग की कच्ची कलियाँ हैं
जिस मीठे नूर और कड़वी आग से
ज़ुल्म की अन्धी रात में फूटा
सुब्हे-बग़ावत का गुलशन
और सुब्ह हुई मन-मन, तन-तन!
इन जिस्मों का चाँदी-सोना
इन चेहरों के नीलम-मर्जां
जगमग, जगमग, रख़्शाँ-रख़्शाँ[8]!
जो देखना चाहे परदेसी
पास आये देखे जी भरकर
ये ज़ीस्त[9] की रानी का झूमर
ये अम्न की देवी का कंगन!"

['दस्ते-सबा' से]

7. नये, 8. दमकते हुए, 9. ज़िन्दगी।

निसार मैं तिरी गलियों पे...

निसार मैं तिरी गलियों पे ऐ वतन, कि जहाँ
चली है रस्म कि कोई न सर उठाके चले
जो कोई चाहने वाला तवाफ़[1] को निकले
नज़र चुराके चले, जिस्म-ओ-जाँ बचाके चले
है अह्ले-दिल के लिए अब ये नज़्मे-बस्त-ओ-कुशाद[2]
कि संग-ओ-ख़िश्त[3] मुक़य्यद[4] हैं और सग[5] आज़ाद

बहुत है ज़ुल्म के दस्ते-बहाना-जू[6] के लिए
जो चन्द अह्ले-जुनूँ तेरे नामलेवा हैं
बने हैं अह्ले-हवस, मुद्दई भी, मुंसिफ़ भी
किसे वकील करें, किससे मुंसिफ़ी चाहें
मगर गुज़ारने वालों के दिन गुज़रते हैं
तिरे फ़िराक़ में यूँ सुब्ह-ओ-शाम करते हैं

बुझा जो रौज़ने-ज़िन्दाँ तो दिल ये समझा है
कि तेरी माँग सितारों से भर गयी होगी
चमक उठे हैं सलासिल[7] तो हमने जाना है
कि अब सहर तिरे रुख़ पर बिखर गयी होगी
ग़रज़ तसव्वुरे-शाम-ओ-सहर में जीते हैं
गिरिफ़्ते-सायए-दीवार-ओ-दर में जीते हैं

---

1. परिक्रमा, 2. बन्धन और मुक्ति की व्यवस्था, 3. ईंट-पत्थर, 4. क़ैद, 5. कुत्ते, 6. बहाना ढूँढनेवाले हाथ, 7. ज़ंजीरें,

यूँही हमेशा उलझती रही है ज़ुल्म से ख़ल्क़
न उनकी रस्म नयी है, न अपनी रीत नयी
यूँही हमेशा खिलाये हैं हमने आग में फूल
न उनकी हार नयी है, न अपनी जीत नयी
इसी सबब से फ़लक का गिला नहीं करते
तिरे फ़िराक़ में हम दिल बुरा नहीं करते

गर आज तुझसे जुदा हैं तो कल बहम[8] होंगे
ये रात-भर की जुदाई तो कोई बात नहीं
गर आज औज[9] पे है तालए-रक़ीब[10] तो क्या
ये चार दिन की ख़ुदाई तो कोई बात नहीं
जो तुझसे अह्द-ओ-वफ़ा उस्तुवार[11] रखते हैं
इलाजे-गर्दिशे-लैल-ओ-निहार[12] रखते हैं

['दस्ते-सबा' से]

---

8. मिलेंगे, 9. शिखर, 10. प्रतिद्वन्द्वी का भाग्य, 11. पक्का, 12. रात और दिन के क्रम का इलाज।

शीशों का मसीहा कोई नहीं

मोती हो कि शीशा, जाम कि दुर[1]
जो टूट गया, सो टूट गया
कब अश्कों[2] से जुड़ सकता है
जो टूट गया, सो छूट गया

तुम नाहक़ टुकड़े चुन-चुन कर
दामन में छुपाये बैठे हो
शीशों का मसीहा कोई नहीं
क्या आस लगाये बैठे हो

शायद कि इन्हीं टुकड़ों में कहीं
वो साग़रे-दिल है, जिसमें कभी
सद[3] नाज़ से उतरा करती थी
सहबा-ए-ग़मे-जानाँ[4] की परी

फिर दुनियावालों ने तुमसे
ये साग़र लेकर फोड़ दिया
जो मय थी बहा दी मिट्टी में
मेह्मान का शहपर[5] तोड़ दिया

ये रंगीं रेज़े[6] हैं शायद
उन शोख़ बिलौरीं सपनों के

---

1. मोती, 2. आँसुओं, 3. सौ, 4. प्रेमिका के विरह की मदिरा, 5. डैना, सबसे मुख्य पंख, 6. कण,

तुम मस्त जवानी में जिनसे
ख़ल्वत[7] को सजाया करते थे

नादारी, दफ़्तर, भूक और ग़म
उन सपनों से टकराते थे
बेरहम था चौमुख पथराव
ये काँच के ढाँचे क्या करते

या शायद इन ज़र्रों में कहीं
मोती है तुम्हारी इज़्ज़त का
वो जिससे तुम्हारे इज्ज़[8] पे भी
शमशादक़दों[9] ने नाज़ किया

उस माल की धुन में फिरते थे
ताजिर भी बहुत, रहज़न[10] भी कई
है चोरनगर, याँ मुफ़लिस की
गर जान बची तो आन गयी

ये साग़र-शीशे, ला'ल-ओ-गुहर
सालिम हों तो क़ीमत पाते हैं
यूँ टुकड़े-टुकड़े हों तो फ़क़त
चुभते हैं लहू रुलवाते हैं

तुम नाहक़ शीशे चुन-चुनकर
दामन में छुपाये बैठे हो
शीशों का मसीहा कोई नहीं
क्या आस लगाये बैठे हो

यादों के गिरेबानों के रफ़ू
पर दिल की गुज़र कब होती है

---

7. एकान्त, 8. विनम्रता, 9. सरो के पेड़-जैसे क़दवाले, 10. बटमार,

इक बख़िया उधेड़ा, एक सिया
यूँ उ'म्र बसर कब होती है

इस कारगहे-हस्ती में जहाँ
ये साग़र-शीशे ढलते हैं
हर शै का बदल मिल सकता है
सब दामन पुर हो सकते हैं

जो हाथ बढ़े यावर[11] है यहाँ
जो आँख उठे, वो बख़्तावर[12]
याँ धन-दौलत का अन्त नहीं
हों घात में डाकू लाख मगर

कब लूट-झपट से हस्ती की
दूकानें ख़ाली होती हैं
याँ परबत-परबत हीरे हैं
याँ सागर-सागर मोती हैं

कुछ लोग हैं जो इस दौलत पर
पर्दे लटकाते फिरते हैं
हर परबत को हर सागर को
नीलाम चढ़ाते फिरते हैं

कुछ वो भी हैं जो लड़-भिड़ कर
ये पर्दे नोच गिराते हैं
हस्ती के उठाईगीरों की
हर चाल उलझाये जाते हैं

इन दोनों में रन पड़ता है
नित बस्ती-बस्ती, नगर-नगर

---

11. मददगार, 12. भाग्यवान।

हर बसते घर के सीने में
हर चलती राह के माथे पर

ये कालिख भरते फिरते हैं
वो जोत जगाते रहते हैं
ये आग लगाते फिरते हैं
वो आग बुझाते रहते हैं

सब साग़र शीशे ला'लू-ओ-गुहर
इस बाज़ी में बद जाते हैं
उट्ठो सब ख़ाली हाथों को
इस रन से बुलावे आते हैं

['दस्ते-सबा' से]

ज़िन्दाँ की एक शाम

शाम के पेच-ओ-ख़म[1] सितारों से
ज़ीना-ज़ीना उतर रही है रात
यूँ सबा पास से गुज़रती है
जैसे कह दी किसी ने प्यार की बात
सहने-ज़िन्दाँ[2] के बे-वतन अश्जार[3]
सरनिगूँ[4] महव[5] हैं बनाने में
दामने-आसमाँ पे नक़्श-ओ-निगार

शानए-बाम[6] पर दमकता है
मेह्रबाँ चाँदनी का दस्ते-जमील[7]
ख़ाक में घुल गई है आबे-नुजूम
नूर में घुल गया है अ'र्श[8] का नील
सब्ज़ गोशों में नीलगूँ साये
लहलहाते हैं जिस तरह दिल में
मौजे-दर्दे-फ़िराक़े-यार[9] आये

दिल से पैहम ख़याल कहता है
इतनी शीरीं है ज़िन्दगी इस पल
ज़ुल्म का ज़ह्र घोलनेवाले
कामराँ[10] हो सकेंगे आज न कल

---

1. टेढ़े-मेढ़े, 2. जेल का आँगन, 3. पेड़, 4. नतमस्तक, 5. व्यस्त, 6. कोठे का कन्धा, 7. सुन्दर हाथ, 8. आसमान, 9. प्रेमिका के विरह की पीड़ा की लहर, 10. सफल,

जल्वागाहे-विसाल[11] की शम्एँ
वो बुझा भी चुके अगर तो क्या
चाँद को गुल करें, तो हम जानें

['दस्ते-सबा' से]

11. जहाँ प्रणय की लीला होती है।

ज़िन्दाँ की एक सुब्ह

रात बाक़ी थी अभी जब सरे-बालीं[1] आकर
चाँद ने मुझसे कहा, "जाग, सहर आयी है!
जाग, इस शब जो मये-ख़्वाब[2] तिरा हिस्सा थी
जाम के लब से तहे-जाम उतर आयी है।"
अक्से-जानाँ[3] को विदा करके उठी मेरी नज़र
शब के ठहरे हुए पानी की सियह चादर पर
जा-ब-जा रक़्स में आने लगे चाँदी के भँवर
चाँद के हाथ से तारों के कँवल गिर-गिर कर
डूबते, तैरते, मुरझाते रहे, खिलते रहे
रात और सुब्ह बहुत देर गले मिलते रहे

सह्ने-ज़िन्दाँ में रफ़ीक़ों[4] के सुनहरे चेहरे
सत्हे-ज़ुल्मत से दमकते हुए उभरे कम-कम
नींद की ओस ने उन चेहरों से धो डाला था
देस का दर्द, फ़िराक़े-रुख़े-महबूब का ग़म
दूर नौबत[5] हुई, फिरने लगे बेज़ार क़दम
ज़र्द फ़ाक़ों के सताये हुए पहरेवाले
अह्ले-ज़िन्दाँ के ग़ज़बनाक ख़रोशाँ[6] नाले[7]
जिनकी बाँहों में फिरा करते हैं बाँहें डाले
लज़्ज़ते-ख़्वाब[8] से मख़मूर[9] हवाएँ जागीं
जेल की ज़ह्र भरी चूर सदाएँ[10] जागीं

1. सिरहाने, 2. स्वप्न की मदिरा, 3. प्रेमिका का प्रतिबिम्ब (कल्पना), 4. साथियों, 5. घंटा बजाना, 6. तेज़, 7. रोना, 8. स्वप्न का आनन्द, 9. नशे में चूर, 10. आवाज़ें,

दूर दरवाज़ा खुला कोई, कोई बन्द हुआ
दूर मचली कोई ज़ंजीर मचल के रोयी
दूर उतरा किसी ताले के जिगर में ख़ंजर
सर पटकने लगा रह-रहके दरीचा[11] कोई
गोया फिर ख़्वाब से बेदार हुए दुश्मने-जाँ
संग-ओ-फ़ौलाद से ढाले हुए जिन्नाते-गराँ[12]

जिनके चंगुल में शब-ओ-रोज़ हैं फ़रियादकुनाँ[13]
मेरे बेकार शब-ओ-रोज़ की नाज़ुक परियाँ
अपने शहपूर[14] की रह देख रही हैं ये असीर[15]
जिसके तरकश में हैं उम्मीद के जलते हुए तीर

(अपूर्ण)

['दस्ते-सबा' से]

---

11. झरोखा, खिड़की, 12. बड़े-बड़े पिशाच, 13. फ़रियाद करते हुए, 14. शाहज़ादा, 15. बन्दी व्यक्ति।

मुलाक़ात

(1)

ये रात उस दर्द का शजर[1] है
जो मुझसे तुझसे अज़ीमतर है
अज़ीमतर है कि इसकी शाख़ों
में लाखों मशअ'ल-ब-कफ़[2] सितारों
के कारवाँ घिर के खो गये हैं
हज़ार महताब इसके साये
में अपना सब नूर खो गये हैं

ये रात उस दर्द का शजर है
जो मुझसे तुझसे अज़ीमतर है
मगर इसी रात के शजर से
ये चन्द लम्हों के ज़र्द पत्ते
गिरे हैं और तेरे गेसुओं[3] में
उलझके गुलनार हो गये हैं
इसी की शबनम से ख़ामुशी के
ये चन्द क़तरे तिरी जबीं[4] पर
बरस के हीरे पिरो गये हैं

(2)

बहुत सियह है ये रात लेकिन
इसी सियाही में रू-नुमा[5] है
वो नहरे-ख़ूँ जो मिरी सदा है

---

1. पेड़, 2. हाथ में मशालें लिये हुए, 3. बालों, 4. माथा, 5. प्रकट होना, सूरत दिखाना,

इसी के साये में नूरगर[6] है
वो मौजे-ज़र[7] जो तिरी नज़र है

वो ग़म जो इस वक़्त तेरी बाँहों
के गुल्सिताँ में सुलग रहा है
(वो ग़म जो इस रात का समर[8] है)
कुछ और तप जाये अपनी आहों
की आँच में तो यही शरर[9] है

हरेक् सियह शाख़ की कमाँ से
जिगर में टूटे हैं तीर जितने
जिगर से नोचे हैं और हर इक
का हमने तेशा बना लिया है

(3)

अलम-नसीबों,[10] जिगर-फ़िगारों
की सुब्ह अफ़लाक[11] पर नहीं है
जहाँ पे हम तुम खड़े हैं दोनों
सहर का रौशन उफ़ुक़ यहीं है
यहीं पे ग़म के शरार[12] खिलकर
शफ़क़[13] का गुलज़ार[14] बन गये हैं
यहीं पे क़ातिल दुखों के तेशे
क़तार-अन्दर-क़तार किरनों
के आतशीं हार बन गये हैं
ये ग़म जो इस रात ने दिया है
ये ग़म सहर का यक़ीं बना है
यक़ीं जो ग़म से करीमतर[15] है
सहर जो शब से अज़ीमतर है

['दस्ते-सबा' से]

मांटगुमरी जेल
11 अक्तूबर-4 नवम्बर, 1953

---

6. आलोकित, 7. सोने की लहर, 8. फल, 9. चिनगारी, 10. जिनके भग्य में दुख है, 11. आसमानों, 12. चिनगारियाँ, 13. सूर्यास्त की लाली, 14. काग़, 15. अधिक दयालु।

ऐ रौशनियों के शहर

सब्ज़ा-सब्ज़ा सूख रही है फीकी, ज़र्द दुपहर
दीवारों को चाट रहा है तनहाई का ज़हर
दूर उफ़ुक़ तक घटती, बढ़ती, उठती, गिरती रहती है
कुह्र की सूरत बे-रौनक़ दर्दों की गदली लहर

बसता है उस कुह्र के पीछे रौशनियों का शहर
ऐ रौशनियों के शहर

कौन कहे किस सिम्त है तेरी रौशनियों की राह
हर जानिब बे-नूर खड़ी है हिज्र की शह्रपनाह
थक कर हर सू बैठ रही है शौक़ की माँद सिपाह

आज मिरा दिल फ़िक्र में है
ऐ रौशनियों के शहर

शबख़ूँ से मुँह फेर न जाये अरमानों की रौ
ख़ैर हो तेरी लैलाओं की, उन सबसे कह दो
आज की शब जब दिये जलायें, ऊँची रक्खें लौ

['ज़िन्दाँनामा' से]

लाहौर जेल/मांटगुमरी जेल
28 मार्च-15 अप्रैल, 1954

हम जो तारीक राहों में मारे गये

[ईथेल और जूलियस रोज़नबर्ग के ख़तों से मुतास्सिर होकर लिखी गयी]

तेरे होंटों के फूलों की चाह में हम
दार[1] की ख़ुश्क टहनी पे वारे गये
तेरे हाथों की शम्ओं की हसरत में हम
नीम-तारीक राहों में मारे गये

सूलियों पर हमारे लबों से परे
तेरे होंटों की लाली लपकती रही
तेरी ज़ुल्फ़ों की मस्ती बरसती रही
तेरे हाथों की चाँदी दमकती रही

जब घुली तेरी राहों में शामे-सितम
हम चले आये लाये जहाँ तक क़दम
लब पे हर्फ़े-ग़ज़ल, दिल में क़न्दीले-ग़म
अपना ग़म था गवाही तिरे हुस्न की
देख क़ायम रहे इस गवाही पे हम
हम जो तारीक राहों में मारे गये

नारसाई[2] अगर अपनी तक़दीर थी
तेरी उल्फ़त तो अपनी ही तदबीर थी
किसको शिकवा है गर शौक़[3] के सिलसिले
हिज्र की क़त्लगाहों से सब जा मिले

---

1. फाँसी, 2. विफलता, 3. उत्कंठा,

क़त्लगाहों से चुन कर हमारे अ'लम[4]
और निकलेंगे उश्शाक़[5] के क़ाफ़िले
जिनकी राहे-तलब से हमारे क़दम
मुख़्तसर कर चले दर्द के फ़ासले
कर चले जिनकी ख़ातिर जहाँगीर[6] हम
जाँ गँवाकर तिरी दिलबरी का भरम
हम जो तारीक राहों में मारे गये

['ज़िन्दाँनामा' से]

मांटगुमरी जेल
15 मई, 1954

4. झंडे, 5. प्रेमी, 6. विश्वव्यापी।

दरीचा

गड़ी हैं कितनी सलीबें मिरे दरीचे में
हर् एक अपने मसीहा के ख़ूँ का रंग लिये
हर् एक वस्ले-ख़ुदावन्द[1] की उमंग लिये

किसी पे करते हैं अब्रे-बहार[2] को क़ुर्बां
किसी पे क़त्ल महे-ताबनाक[3] करते हैं
किसी पे होती है सरमस्त शाख़सार[4] दो-नीम[5]
किसी पे बादे-सबा को हलाक करते हैं

हर् आये दिन ये ख़ुदावन्दगाने-मेह्र-ओ-जमाल[6]
लहू में ग़र्क़ मिरे ग़मकदे में आते हैं
और आये दिन मिरी नज़रों के सामने उनके
शहीद जिस्म सलामत उठाये जाते हैं

[‘ज़िन्दाँनामा’ से]

मांटगुमरी जेल
दिसम्बर, 1954

---

1. ख़ुदा से मिलने, 2. बहार के बादल, 3. चमकदार चाँद की हत्या, 4. डाली, 5. दो टुकड़े, 6. साकार करुणा-सौन्दर्य के प्रभु।

दर्द आयेगा दबे पाँव...

और कुछ देर में, जब फिर मिरे तनहा दिल को
फ़िक्र आ लेगी कि तनहाई का क्या चारा करे
दर्द आयेगा दबे पाँव, लिये सुर्ख़ चिराग़
वो जो इक दर्द धड़कता है कहीं दिल से परे

शो'लए-दर्द जो पहलू में लपक उट्ठेगा
दिल की दीवार पे हर नक़्श दमक उट्ठेगा
हल्क़ए-ज़ुल्फ़[1] कहीं, गोशए-रुख़सार[2] कहीं
हिज्र का दश्त कहीं, गुलशने-दीदार कहीं
लुत्फ़ की बात कहीं, प्यार का इक़रार कहीं
दिल से फिर होगी मिरी बात कि ऐ दिल, ऐ दिल
ये जो महबूब बना है तिरी तनहाई का
ये तो मेहमाँ है घड़ी-भर का, चला जायेगा
इससे कब तेरी मुसीबत का मुदावा[3] होगा
मुश्तइ'ल[4] होके अभी उट्ठेंगे वहशी साये
वो चला जायेगा, रह जायेंगे बाक़ी साये
रात-भर जिनसे तिरा ख़ून-ख़राबा होगा

जंग ठहरी है कोई खेल नहीं है, ऐ दिल
दुश्मने-जाँ हैं सभी सारे-के-सारे क़ातिल
ये कड़ी रात भी, ये साये भी, तनहाई भी
दर्द और जंग में कोई मेल नहीं है, ऐ दिल
लाओ, सुलगाओ कोई जोशे-ग़ज़ब का अंगार

---

1. बालों के घेरे, 2. गालों के कोने, 3. इलाज, 4. उत्तेजित,

तैश की आतिशे-जर्रार[5] कहाँ है, लाओ
वह दहकता हुआ गुलज़ार कहाँ है, लाओ
जिसमें गर्मी भी है, हरकत भी, तवानाई[6] भी

हो न हो अपने क़बीले का भी कोई लश्कर
मुन्तज़िर होगा अँधेरे की फसीलों[7] के उधर
उनको शो'लों के रजज़[8] अपना पता तो देंगे
ख़ैर, हम तक वो न पहुँचे भी, सदा तो देंगे
दूर कितनी है अभी सुब्ह, बता तो देंगे

['ज़िन्दाँनामा' से]

मांटगुमरी जेल
1 दिसम्बर, 1954

---

5. तेज़ आग, 6. ताक़त, 7. प्राचीरों, 8. वीरोचित हुंकार-भरी आत्मप्रशस्ति।

ऐफ़्रीका कम बेक*

[एक रजज़[1]]

आ जाओ, मैंने सुन ली तिरे ढोल की तरंग
आ जाओ, मस्त हो गयी मेरे लहू की ताल
"आ जाओ, एफ़्रीका"

आ जाओ, मैंने धूल से माथा उठा लिया
आ जाओ, मैंने छील दी आँखों से ग़म की छाल
आ जाओ, मैंने दर्द से बाज़ू छुड़ा लिया
आ जाओ, मैंने नोच दिया बेकसी का जाल
"आ जाओ, एफ़्रीका"

पंजे में हथकड़ी की कड़ी बन गयी है गुर्ज़[2]
गर्दन का तौक़ तोड़ के ढाली है मैंने ढाल
"आ जाओ, एफ़्रीका"

जलते हैं हर कछार में भालों के मिरग-नैन
दुश्मन लहू से रात की कालिक हुई है लाल
"आ जाओ, एफ़्रीका"

धरती धड़क रही है मिरे साथ, एफ़्रीका
दरिया थिरक रहा है तो बन दे रहा है ताल

---

* अफ़्रीक़ी स्वतन्त्रता-प्रेमियों का नारा, 1. राष्ट्रीय गर्वोक्ति के पद, 2. गदा।

मैं एफ़्रीका हूँ, धार लिया मैंने तेरा रूप
मैं तू हूँ, मेरी चाल है तेरी बबर की चाल
"आ जाओ, एफ़्रीका"

आओ, बबर की चाल
"आ जाओ, एफ़्रीका"

['ज़िन्दाँनामा' से]

मांटगुमरी जेल
14 जनवरी, 1955

ये फ़स्ल उमीदों की हमदम

सब काट दो
बिस्मिल[1] पौदों को
बे-आब[2] सिसकते मत छोड़ो
सब नोच लो
बेकल फूलों को
शाख़ों पे बिलकते मत छोड़ो

ये फ़स्ल उमीदों की हमदम
इस बार भी ग़ारत जायेगी
सब मेहनत सुब्हों-शामों की
अबके भी अकारत जायेगी

खेती के कोनों-खुदरों में
फिर अपने लहू की खाद भरो
फिर मिट्टी सींचों अश्कों से
फिर अगली रुत की फ़िक्र करो

फिर अगली रुत की फ़िक्र करो
जब फिर इक बार उजड़ना है
इक फ़स्ल पकी तो भर पाया
जब तक तो यही कुछ करना है

['ज़िन्दाँनामा' से]

मांटगुमरी जेल
30 मार्च, 1955

---

1. घायल, मुरझाए हुए, 2. बिन जल।

बुनियाद कुछ तो हो

[क़व्वाली]

कू-ए-सितम की ख़ामुशी आबाद कुछ तो हो
कुछ तो कहो सितमकशो[1], फ़रियाद कुछ तो हो
बेदादगर से शिकवए-बेदाद कुछ तो हो
बोलो कि शोरे-हश्र[2] की ईजाद[3] कुछ तो हो

मरने चले तो सतवते-क़ातिल[4] का ख़ौफ़ क्या
इतना तो हो कि बाँधने पाये न दस्त-ओ-पा
मक़्तल में कुछ तो रंग जमे जश्ने-रक़्स का

रंगीं लहू से पंजए-सैयाद कुछ तो हो
ख़ूँ पर गवाह दामने-जल्लाद कुछ तो हो
जब ख़ूँ-बहा[5] तलब करें बुनियाद कुछ तो हो

गर तन नहीं, ज़बाँ सही, आज़ाद कुछ तो हो
दुश्नाम, नाला, हा-ओ-हू, फ़रियाद कुछ तो हो
चीख़े है दर्द, ऐ दिले-बर्बाद कुछ तो हो
बोलो, कि शोरे-हश्र की ईजाद कुछ तो हो
बोलो कि रोज़े-अद्ल की बुनियाद कुछ तो हो

['ज़िन्दाँनामा' से]

मांटगुमरी जेल
13, अप्रैल, 1955

---

1. ज़ुल्म सहनेवालो, 2. प्रलय का शोर, 3. शुरुआत, 4. क़ातिल का आतंक, 5. ख़ून की क़ीमत।

रात ढलने लगी है सीनों में

रात ढलने लगी है सीनों में
आग सुलगाओ आबगीनों[1] में
दिले-उश्शाक़ की[2] ख़बर लेना
फूल खिलते हैं इन महीनों में

आज तनहाई किसी हमदमे-देरीं[3] की तरह
करने आयी है मिरी साक़ीगरी शाम ढले
मुन्तज़िर बैठे हैं हम दोनों कि महताब उभरे
और् तिरा अक्स झलकने लगे हर साये तले

['दस्ते-तहे-संग' से]

अप्रैल, 1957

---

1. शराब की बोतलों, 2. आशिक़ों के दिलों की, 3. पुराने दोस्त।

शाम

इस तरह है कि हरेक् पेड़ कोई मन्दिर है
कोई उजड़ा हुआ, बे-नूर पुराना मन्दिर
ढूँडता है जो ख़राबी के बहाने कब से
चाक हर बाम, हरेक् दर का दमे-आख़िर है
आसमाँ कोई पुरोहित है जो हर बाम तले
जिस्म पर राख मले, माथे पे सिंदूर मले
सरनिगूँ[1] बैठा है चुपचाप न जाने कब से

इस तरह है कि पसे-पर्दा[2] कोई साहिर[3] है
जिसने आफ़ाक़[4] पे फैलाया है यूँ सहर[5] का दाम[6]
दामने-वक़्त[7] से पैवस्त[8] है यूँ दामने-शाम
अब कभी शाम बुझेगी न अँधेरा होगा
अब कभी रात ढलेगी न सवेरा होगा

आसमाँ आस लिये है कि ये जादू टूटे
चुप की ज़ंजीर कटे, वक़्त का दामन छूटे
दे कोई शंख दुहाई, कोई पायल बोले
कोई बुत जागे, कोई साँवली घूँघट खोले

['दस्ते-तहे-संग' से]

---

1. सर झुकाये, 2. पर्दे के पीछे, 3. जादूगर, 4. क्षितिज, 5. जादू, 6. जाल, 7. काल के आँचल, 8. अन्दर तक जुड़ी हुई।

तुम ये कहते हो अब कोई चारा नहीं!

तुम ये कहते हो वो जंग हो भी चुकी
जिसमें रक्खा नहीं है किसी ने क़दम
कोई उतरा न मैदाँ में, दुश्मन न हम
कोई सफ़[1] बन न पायी न कोई अ'लम[2]
मुन्तशिर[3] दोस्तों को सदा[4] दे सका
अजनबी दुश्मनों का पता दे सका
तुम ये कहते हो वो जंग हो भी चुकी
जिसमें रक्खा नहीं हमने अब तक क़दम

तुम ये कहते हो अब कोई चारा नहीं
जिस्म ख़स्ता है, हाथों में यारा[5] नहीं

अपने बस का नहीं बारे-संगे-सितम[6]
बारे-संगे-सितम, बारे-कुहसारे-ग़म[7]
जिसको छूकर सभी इक तरफ़ हो गये
बात-की-बात में ज़ी-शरफ़[8] हो गये

['दस्ते-तहे-संग' से]

---

1. पाँत, 2. झंडा, 3. बिखरे हुए, 4. आवाज़, 5. ताक़त, 6. अत्याचार के पत्थर का बोझ, 7. दुख के पहाड़ का बोझ, 8. शरीफ़, मर्यादा से युक्त।

आज बाज़ार में पा-ब-जौलाँ चलो

चश्मे-नम, जाने-शोरीदा[1] काफ़ी नहीं
तुहमते-इश्क़े-पोशीदा[2] काफ़ी नहीं
आज बाज़ार में पा-ब-जौलाँ[3] चलो

दस्त-अफ़्शाँ[4] चलो, मस्त-ओ-रक़्साँ[5] चलो
ख़ाक-बर-सर चलो, ख़ूँ-ब-दामाँ चलो
राह तकता है, सब शहूरे-जानाँ चलो

हाकिमे-शहूर भी, मजमए-आ'म भी
तीरे-इल्ज़ाम भी, संगे-दुश्नाम[6] भी
सुब्हे-नाशाद भी, रोज़े-नाकाम भी

इनका दमसाज़[7] अपने सिवा कौन है
शहूरे-जानाँ में अब बा-सफ़ा[8] कौन है
दस्ते-क़ातिल के शायाँ[9] रहा कौन है

रख़्ते-दिल[10] बाँध लो दिलफ़िगारो चलो
फिर हमीं क़त्ल हो आयें यारो चलो

['दस्ते-तहे-संग' से]

लाहौर जेल
11 फ़रवरी, 1959

---

1. उद्विग्न प्राण, 2. गुप्त प्रेम का लांछन, 3. पैर में ज़ंजीर डाले, 4. हाथ छोड़कर, 5. मस्त और नाचते हुए, 6. गाली का पत्थर, 7. हमदर्द, 8. पाक, पवित्र, शुद्ध, 9. योग्य, 10. दिल के सफ़र का सामान।

क़ैदे-तनहाई

दूर आफ़ाक़[1] पे लहरायी कोई नूर की लह्‌र
ख़्वाब ही ख़्वाब हैं, बेदार हुआ दर्द का शह्‌र
ख़्वाब ही ख़्वाब हैं, नज़र बेताब होने लगी
अदमाबादे-जुदाई[2] में सहर होने लगी
कासए-दिल[3] में भरी अपनी सबूही[4] मैंने
घोलकर तल्ख़िए-दीरोज़[5] में इमरोज़[6] का ज़ह्‌र

दूर आफ़ाक़ पे लहराई कोई नूर की लह्‌र
आँख से दूर किसी सुब्ह की तम्हीद[7] लिये
कोई नग़्मा, कोई ख़ुशबू, कोई काफ़िर सूरत
अदमाबादे-जुदाई[8] में मुसाफ़िर सूरत
बे-ख़बर गुज़री परीशानिए-उम्मीद लिये
घोलकर तल्ख़िए-दीरोज़ में इमरोज़ का ज़ह्‌र
हसरते-रोज़े-मुलाक़ात रक़म की मैंने
देस-परदेस के याराने-क़दहख़्वार[9] के नाम
हुस्ने-आफ़ाक़, जमाले-लब-ओ-रुख़सार के नाम

['दस्ते-तहे-संग' से]

जेल लाहौर क़िला
मार्च, 1959

---

1. क्षितिज, 2. विरह का यमलोक, 3. हृदय का भिक्षा-पात्र, 4. तड़के पी जानेवाली शराब, 5. बीते दिनों की कड़वाहट, 6. आज का दिन, 7. भूमिका, 8. विरह का शून्य लोक, 9. शराब पीनेवाले दोस्त।

हम्द

मलिकए-शह्रे-ज़िन्दगी तेरा
शुक्र किस तौर से अदा कीजे
दौलते-दिल का कुछ शुमार नहीं
तंगदस्ती का क्या गिला कीजे

जो तिरे हुस्न के फ़क़ीर हुए
उनको तशवीशे-रोज़गार[1] कहाँ
दर्द बेचेंगे गीत गायेंगे
इससे ख़ुशवक़्त कारोबार कहाँ

जाम छलका तो जम गयी महफ़िल
मिन्नते-लुत्फ़े-ग़मगुसार[2] किसे?
अश्क टपका तो खिल गया गुलशन
रंजे-कमज़र्फ़िए-बहार[3] किसे?

ख़ुशनशीं हैं कि चश्म-ओ-दिल की मुराद
दैर में है न ख़ानक़ाह में है
'हम कहाँ क़िस्मत आज़माने जायँ'
हर सनम अपनी बारगाह में है

कौन ऐसा ग़नी[4] है जिससे कोई
नक़्दे-शम्स-ओ-क़मर[5] की बात करे
जिसको शौक़े-नबर्द[6] हो हमसे
जाये तस्ख़ीरे-कायनात[7] करे

['दस्ते-तहे-संग' से]

जून, 1959

---

1. काम की चिन्ता, 2. सहानुभूति करनेवाले के आनन्द की प्रार्थना, 3. बहार के ओछेपन का दुख, 4. धनी, 5. चाँद-सूरज रूपी द्रव्य, 6. लड़ाई का शौक़, 7. सृष्टि-विजय।

दो मर्सिये

(1)
मुलाक़ात मिरी

सारी दीवार सियह हो गयी ता-हल्क़ए-बाम[1]
रास्ते बुझ गये, रुख़्सत हुए रहगीर तमाम
अपनी तनहाई से गोया हुई[2] फिर रात मिरी
हो न हो आज फिर आयी है मुलाक़ात मिरी
इक हथेली पे हिना, एक हथेली पे लहू
इक नज़र ज़ह्र लिये, एक नज़र में दारू[3]

देर से मंज़िले-दिल में कोई आया न गया
फ़रक़ते-दर्द में बे-आब हुआ तख़्तए-दाग़
किससे कहिये कि भरे रंग से ज़ख़्मों के अयाग़[4]
और फिर ख़ुद ही चली आयी मुलाक़ात मिरी
आशना मौत जो दुश्मन भी है ग़मख़्वार भी है
वो जो हम लोगों की क़ातिल भी है दिलदार भी है

(2)
ख़त्म हुई बारिशे-संग

नागहाँ[5] आज मिरे तारे-नज़र से कटकर
टुकड़े-टुकड़े हुए आफ़ाक़[6] पे ख़ुरशीद-ओ-क़मर[7]
अब किसी सिम्त अँधेरा न उजाला होगा

1. ऊपर के घेरे तक, 2. बोली, 3. उपचार, 4. सुरा-पात्र, 5. अचानक, 6. क्षितिज, 7. सूरज, चाँद,

बुझ गयी दिल की तरह राहे-वफ़ा मेरे बाद
दोस्तो, क़ाफ़िलए-दर्द का अब क्या होगा

अब कोई और करे परवरिशे-गुलशने-ग़म
दोस्तो, ख़त्म हुई दीदए-तर की शबनम
थम गया शोरे-जुनूँ, ख़त्म हुई बारिशे-संग[8]
ख़ाके-रह आज लिये है लबे-दिलदार का रंग
कू-ए-जानाँ में खुला मेरे लहू का परचम[9]
देखिये, देते हैं किस-किसको सदा मेरे बाद
"कौन होता है हरीफ़े-मये-मर्दअफ़गने-इ'श्क़[10]
है मुकर्रर[11] लबे-साक़ी पे सला[12] मेरे बा'द"[13]

['दस्ते-तहे-संग' से]

नवम्बर, 1960

---

8. पथराव, 9. झंडा, 10. मर्दों को पछाड़ देनेवाली इश्क़ की शराब से टक्कर लेनेवाला, 11. दुबारा, 12. बुलावा, निमन्त्रण, 13. अन्तिम दो पंक्तियाँ ग़ालिब की एक ग़ज़ल से उद्धृत हैं।

कहाँ जाओगे

और कुछ देर में लुट जायेगा हर बाम पे चाँद
अक्स खो जायेंगे, आईने तरस जायेंगे
अर्श के दीदए-नमनाक से बारी-बारी
सब सितारे सरे-ख़ाशाक[1] बरस जायेंगे
आस के मारे, थके-हारे शबिस्तानों[2] में
अपनी तनहाई समेटेगा, बिछायेगा कोई
बे-वफ़ाई की घड़ी, तर्के-मुदारात[3] का वक़्त
इस घड़ी अपने सिवा याद न आयेगा कोई
तर्के-दुनिया का समाँ, ख़त्मे-मुलाक़ात का वक़्त
इस घड़ी ऐ दिले-आवारा कहाँ जाओगे
इस घड़ी कोई किसी का भी नहीं, रहने दो
कोई इस वक़्त मिलेगा ही नहीं रहने दो
और मिलेगा भी तो इस तौर कि पछताओगे
इस घड़ी ऐ दिले-आवारा कहाँ जाओगे
और कुछ देर ठहर जाओ कि फिर नश्तरे-सुब्ह
ज़ख़्म की तरह हर इक आँख को बेदार करे
और हर कुश्तए-वामाँदगिए-आख़िरे-शब[4]
भूलकर साअते-दरमाँदगिए-आख़िरे-शब[5]
जान-पहचान मुलाक़ात पे इसरार[6] करे

['दस्ते-तहे-संग' से]

दिसम्बर, 1961

1. घास-फूस पर, 2. शयन-कक्ष, 3. आदर-सम्मान को त्यागना, 4. पिछले पहर की शिथिलता का मारा हुआ, 5. पिछले पहर की बेकसी का समय, 6. आग्रह।

ख़ुशा ज़मानते-ग़म

दयारे-यार तिरी जोशिशे-जुनूँ पे सलाम
मिरे वतन तिरे दामाने-तार-तार की ख़ैर
रहे-यक़ीं[1] तिरी अफ़शाने-ख़ाक-ओ-ख़ूँ पे सलाम
मिरे चमन तिरे ज़ख़्मों के लालाज़ार की ख़ैर
हर एक ख़ानए-वीराँ[2] की तीरगी पे सलाम
हर एक ख़ाक-ब-सर[3] ख़ानमाँ-ख़राब[4] की ख़ैर
हर एक कुश्तए-नाहक़[5] की ख़ामुशी पे सलाम
हरेक दीदए-पुरनम की आब-ओ-ताब की ख़ैर
रवाँ रहे ये रवायत, ख़ुशा[6] ज़मानते-ग़म
निशाते-ख़त्मे-ग़मे-कायनात[7] से पहले
हरेक के साथ रहे दौलते-अमानते-ग़म
कोई नजात न पाये नजात से पहले
सुकूँ मिले न कभी तेरे पा-फ़िगारों[8] को
जमाले-ख़ूने-सरे-ख़ार को नज़र न लगे
अमाँ मिले न कहीं तेरे जाँनिसारों को
जलाले-फ़र्क़े-सरे-दार[9] को नज़र न लगे

['दस्ते-तहे-संग' से]

लन्दन, 1962

---

1. आस्था का मार्ग, 2. उजड़ा घर, 3. जिसके सर में धूल हो, 4. जिसका घर उजड़ चुका हो, 5. अन्याय का मारा हुआ, 6. धन्य है, 7. संसार के दुख के अन्त का उल्लास, 8. घायल पैरोंवाले, 9. फाँसी के माथे का तेज।

रंग है दिल का मिरे

तुम न आये थे तो हर चीज़ वही थी कि जो है
आसमाँ हद्दे-नज़र, राहगुज़र राहगुज़र, शीशए-मय शीशए-मय
और अब शीशए-मय, राहगुज़र, रंगे-फ़लक
रंग है दिल का मिरे 'ख़ूने-जिगर होने तक'
चम्पई रंग कभी, राहते-दीदार[1] का रंग
सुर्मई रंग की है साअते-बेज़ार का रंग
ज़र्द पत्तों का, ख़स्-ओ-ख़ार का रंग
सुर्ख़ फूलों का, दहकते हुए गुलज़ार का रंग
ज़हर का रंग, लहू रंग, शबे-तार[2] का रंग
आसमाँ, राहगुज़र, कोई दुखती हुई रग
कोई हर लहज़ा बदलता हुआ आईना है

अब जो आये हो तो ठहरो कि कोई रंग, कोई रुत, कोई शै
एक जगह पर ठहरे
फिर से इक बार हर इक चीज़ वही हो कि जो है
आसमाँ हद्दे-नज़र, राहगुज़र राहगुज़र, शीशए-मय शीशए-मय

['दस्ते-तहे-संग' से]

मास्को
अगस्त, 1963

1. दर्शन का सुख, 2. काली रात।

पास रहो

तुम मिरे पास रहो
मेरे क़ातिल, मिरे दिलदार, मिरे पास रहो
जिस घड़ी रात चले
आसमानों का लहू पीके सियह रात चले
मरहमे-मुश्क[1] लिये, नश्तरे-अल्मास[2] लिये
बैन करती हुई, हँसती हुई, गाती निकले
दर्द के कासनी पाज़ेब बजाती निकले
जिस घड़ी सीनों में डूबे हुए दिल
आसतीनों में निहाँ[3] हाथों की रह तकने लगें
आस लिये
और बच्चों के बिलकने की तरह क़ुलक़ुले-मय[4]
बहरे-नासूदगी[5] मचले तो मनाये न मने
जब कोई बात बनाये न बने
जब कोई बात चले
जिस घड़ी रात चले
जिस घड़ी मातमी, सुनसान, सियह रात चले
पास रहो
मेरे क़ातिल, मिरे दिलदार, मिरे पास रहो

['दस्ते-तहे-संग' से]

मास्को
1963

---

1. सुगन्ध का मरहम, 2. हीरे का नश्तर (फोड़ा चीरने का चाक़ू), 3. छुपा हुआ, 4. शराब ढलने का कलकल स्वर, 5. निराशा के कारण।

मंज़र

रहगुज़र, साये, शजर[1], मंज़िल-ओ-दर, हल्क़ए-बाम
बाम पर सीनए-महताब[2] खुला, आहिस्ता
जिस तरह खोले कोई बन्दे-क़बा, आहिस्ता
हल्क़ए-बाम तले, सायों का ठहरा हुआ नील
नील की झील,
झील में चुपके से तैरा, किसी पत्ते का हुबाब
एक पल तैरा, चला, फूट गया, आहिस्ता
बहुत आहिस्ता, बहुत हल्का, ख़ुनुक[3] रंगे-शराब
मेरे शीशे में ढला, आहिस्ता
शीशओ-जाम, सुराही, तेरे हाथों के गुलाब
जिस तरह दूर किसी ख़्वाब का नक़्श
आप-ही-आप बना, और मिटा, आहिस्ता

दिल ने दुहराया कोई हर्फ़े-वफ़ा, आहिस्ता
तुमने कहा, 'आहिस्ता!'
चाँद ने झुक के कहा
'और ज़रा आहिस्ता!'

['दस्ते-तहे-संग' से]

मास्को
1964

1. पेड़, 2. चाँद का सीना, 3. शीतल।

दीदए-बीना

(1)

फिर बर्क़[1] फ़रोज़ाँ[2] है सरे-वादिए-सीना[3]
फिर रंग पे है शोलए-रुख़सारे-हक़ीक़त[4]
पैग़ामे-अजल[5], दावते-दीदारे-हक़ीक़त[6]
ऐ दीदए-बीना[17]
अब वक़्त है दीदार का, दम है कि नहीं है
ऐ जज़्बए-दिल, दिल का भरम है कि नहीं है
अब क़ातिले-जाँ चारागरे-कुल्फ़ते-ग़म[8] है
गुलज़ारे-इरम,[9] परतने-सहरा-ए-अदम[10] है
पिंदारे-जुनूँ[11], हौसलए-राहे-अदम[12]
है कि नहीं है

(2)

फिर बर्क़ फ़रोज़ाँ है सरे-वादिए-सीना
ऐ दीदए-बीना
फिर दिल को मुसफ़्फ़ा[13] करो, इस लौह पे शायद
माबैने-मनू-ओ-तू,[14] नया पैमाँ कोई उतरे
अब रस्मे-सितम, हिकमते-ख़ासाने-ज़मीं[15] है

---

1. बिजली, 2. चमकती हुई, 3. सीना की घाटी में, जहाँ हज़रत मूसा ने तूर का जल्वा देखा, 4. सत्य के गाल की लपट, 5. मौत का सन्देश, 6. सत्य के दर्शन का निमन्त्रण, 7. देखनेवाली आँख, 8. दुख की पीड़ा का इलाज करनेवाला, 9. स्वर्ग के उद्यान की नक़ल पर बनाया हुआ शद्दाद का बाग़, 10. स्वर्ग के उद्यान की परछाईं, 11. उन्माद का अभिमान, 12. स्वर्ग-लोक तक पहुँचने का हौसला, 13. साफ़, 14. मेरे-तेरे बीच, 15. पृथ्वी के ख़ास लोगों की तरकीब।

ताईदे-सितम,[16] मसलहते-मुफ़्ती-ए-दीं[17] है
अब सदियों के इक़रारे-इताअत[18] को बदलने
लाज़िम है कि इन्कार का फ़रमाँ कोई उतरे

3

सुनो कि शायद यह नूरे-सैक़ल[19]
है इस सहीफ़े[20] का हर्फ़े-अव्वल
जो हर कस-ओ-नाकसे-ज़मीं पर
दिले-गदायाने-अजमई[21] पर
उतर रहा है फ़लक से अबके

सुनो कि इस हर्फ़े-लम-यज़ल[22] के
हमीं तुम्हीं बन्दगाने-बेकस
अलीम[23] भी हैं, ख़बीर[24] भी हैं
सुनो कि हम बेज़ुबान-ओ-बेकस
बशीर[25] भी हैं, नज़ीर[26] भी हैं

हर् इक अलिल-अम्र[27] को सदा दो
कि अपनी फ़र्दे-अमल[28] सँभाले
उठेगा जब जम्मे-सरफ़रोशाँ[29]
पड़ेंगे दार-ओ-रसन के लाले
कोई न होगा कि जो बचा ले
जज़ा, सज़ा, सब यहीं पे होगी
यहीं अज़ाब-ओ-सवाब होगा
यहीं से उट्‌ठेगा शोरे-महशर
यहीं पे रोज़े-हिसाब होगा

['सरे-वादिए-सीना' से]

---

16. अन्याय का समर्थन, 17. धर्म-गुरु की व्यवहार-कुशलता, 18. उपासना का बन्धन, 19. तेज़ रौशनी, 20. धर्म-ग्रन्थ, 21. तमाम फ़क़ीरों का दिल, 22. सृष्टि का आदिस्वर, 23. सबकुछ जाननेवाला, 24. ख़बर रखनेवाला, 25. शुभ सन्देश लानेवाला, 26. डरानेवाला, ईश्वर का नाम, 27. हाकिम, 28. कर्मों की सूची, 29. सर की बाज़ी लगानेवालों का समूह।

रुख़्सत

[हार्ट अटैक]

दर्द इतना था कि उस रात दिले-वहशी ने
हर रगे-जाँ से उलझना चाहा
हर बुने-मू[1] से टपकना चाहा
और् कहीं दूर, तिरे सहूने-चमन[2] में गोया
पत्ता-पत्ता मिरे अफ़सुर्दा[3] लहू में धुलकर
हुस्ने-महताब से आज़र्दा[4] नज़र आने लगा
मेरी वीरानिए-तन[5] में गोया
सारे दुखते हुए रेशों की तनाबें खुलकर
सिलसिलेवार पता देने लगीं
रुख़्सते-क़ाफ़िलए-शौक़[6] की तैयारी का
और जब याद की बुझती हुई शम्ओं में नज़र आया कहीं
एक पल आख़िरी लम्हा तिरी दिलदारी का
दर्द इतना था कि उससे भी गुज़रना चाहा
हमने चाहा भी मगर दिल न ठहरना चाहा

[‘सरे-वादिए-सीना’ से]

---

1. रोम-रोम, 2. उद्यान, 3. उदास, 4. उदासीन, 5. शरीर की निर्जनता, 6. शौक़ के क़ाफ़िले की विदाई।

यतीम लहू

कहीं नहीं है, कहीं भी नहीं लहू का सुराग़
न दस्त-ओ-नाख़ुने-क़ातिल[1] न आस्तीं पे निशाँ
न सुर्ख़िए-लबे-ख़ंजर[2], न रंगे-नोके-सिनाँ[3]
न ख़ाक पर कोई धब्बा न बाम पर कोई दाग़
कहीं नहीं है, कहीं भी नहीं लहू का सुराग़
न सर्फ़े-ख़िदमते-शाहाँ[4] कि ख़ूँबहा[5] देते
न दीं[6] की नज़्र कि बैअ'नए-जज़ा[7] देते
न रज़्मगाह[8] में बरसा कि मो'तबर होता
किसी अ'लम[9] पे रक़म होके मुश्तहर[10] होता
पुकारता रहा बे-आसरा यतीम लहू
किसी के पास समाअ'त[11] का वक़्त था न दिमाग़
न मुद्दई, न शहादत, हिसाब पाक हुआ
यह ख़ूने-ख़ाकनशीनाँ[12] था रिज़्क़े-ख़ाक[13] हुआ
कहीं नहीं है, कहीं भी नहीं लहू का सुराग़

['सरे-वादिए-सीना' से]

अप्रैल, 1965

---

1. हत्यारे का हाथ और नाख़ून, 2. ख़ंजर की नोक की लाली, 3. तलवार की नोक के रंग, 4. राजाओं की सेवा में व्यय होनेवाला, 5. ख़ून की क़ीमत, 6. धर्म, 7. पुण्यफल के लिए पेशगी भुगतान, 8. रणक्षेत्र, 9. पताका, 10. चर्चित, 11. सुनवाई, 12. मिट्टी में बैठनेवालों का ख़ून, 13. मिट्टी की ख़ूराक।

ऐ वतन, ऐ वतन

तेरे पैग़ाम पर, ऐ वतन, ऐ वतन
आ गये हम फ़िदा हो तिरे नाम पर
तेरे पैग़ाम पर, ऐ वतन, ऐ वतन,
नज़्र क्या दें कि हम मालवाले नहीं
आनवाले हैं इक़बालवाले नहीं
हाँ, ये जाँ है कि सुख जिसने देखा नहीं
या ये तन जिस पे कपड़े का टुकड़ा नहीं
अपनी दौलत यही, अपना धन है यही
अपना जो कुछ भी है, ऐ वतन, है यही
वार देंगे ये सबकुछ तिरे नाम पर
तेरी ललकार पर, तेरे पैग़ाम पर
तेरे पैग़ाम पर, ऐ वतन, ऐ वतन
हम लुटा देंगे जानें तिरे नाम पर
तेरे ग़द्दार ग़ैरत से मुँह मोड़कर
आज फिर ऐरों-ग़ैरों से सर जोड़कर
तेरी इज़्ज़त का भाव लगाने चले
तेरी इस्मत का सौदा चुकाने चले
दम में दम है तो ये करने देंगे न हम
चाल उनकी कोई चलने देंगे न हम
तुझको बिकने न देंगे किसी दाम पर
हम लुटा देंगे जानें तिरे नाम पर
सर कटा देंगे हम तेरे पैग़ाम पर
तेरे पैग़ाम पर, ऐ वतन, ऐ वतन!

[‘सरे-वादिए-सीना’ से]

दुआ

आइये, हाथ उठायें हम भी
हम जिन्हें रस्मे-दुआ याद नहीं
हम जिन्हें सोज़े-मुहब्बत[1] के सिवा
कोई बुत कोई ख़ुदा याद नहीं
आइये, अर्ज़ गुज़ारें कि निगारे-हस्ती[2]
ज़ह्रे-इमरोज़[3] में शीरीनी-ए-फ़र्दा[4] भर दे
वो जिन्हें ताबे-गराँबारी-ए-अय्याम[5] नहीं
उनकी पलकों पे शब-ओ-रोज़ को हल्का कर दे
जिनकी आँखों को रुख़े-सुब्ह[6] का यारा[7] भी नहीं
उनकी रातों में कोई शम्अ मुनव्वर[8] कर दे
जिनके क़दमों को किसी रह का सहारा भी नहीं
उनकी नज़रों पे कोई राह उजागर कर दे
जिनका दीं[9] पैरविए-किज़्ब-ओ-रिया[10] है उनको
हिम्मते-कुफ़्र[11] मिले, जुरअते-तहक़ीक़[12] मिले
जिनके सर मुन्तज़िरे-तेग़े-जफ़ा[13] हैं उनको
दस्ते-क़ातिल को झटक देने की तौफ़ीक़[14] मिले

1. प्रेम की ज्वाला, 2. जीवन का सौन्दर्य, 3. वर्तमान का विष, 4. भविष्य की मिठास, 5. जीवन का बोझ उठाने की शक्ति, 6. प्रातःकाल का मुखड़ा, 7. सहन शक्ति, 8. प्रकाशमान, 9. धर्म, 10. झूठ और मक्कारी का समर्थन, 11. धर्मद्रोह का साहस, 12. जिज्ञासा का साहस, 13. अत्याचार की तलवार की प्रतीक्षा में, 14. सामर्थ्य,

इश्क़ का तीरे-निहाँ,[15] जान तपाँ[16] है जिससे
आज इक़रार करें और तपिश मिट जाये
हर्फ़े-हक़[17] दिल में खटकता है जो काँटे की तरह
आज इज़हार करें और ख़लिश मिट जाये

[‘सरे-वादिए-सीना’ से]

15. छुपा हुआ तीर, 16. दहकती हुई, 17. सत्यवाणी।

यहाँ से शहर को देखो

यहाँ से शहर को देखो तो, हल्क़ा-दर-हल्क़ा[1]
खिंची है जेल की सूरत[2] हरेक सिम्त फ़सील[3]
हरेक राहगुज़र गर्दिशे-असीराँ[4] है
न संगे-मील[5], न मंज़िल, न मुख़लिसी[6] की सबील[7]

जो कोई तेज़ चले रह, तो पूछता है ख़याल
कि टोकने कोई ललकार[8] क्यों नहीं आयी
जो कोई हाथ हिलाये तो वहम को है सवाल
कोई छनक, कोई झनकार[9] क्यों नहीं आयी

यहाँ से शहर को देखो तो सारी ख़लक़त में[10]
न कोई साहिबे-तम्कीं[11], न कोई वालिए-होश[12]
हरेक मर्दे-जवाँ मुजरिमे-रसन-ब-गुलू[13]
हरेक हसीनए-रा'ना[14] कनीज़े-हल्क़ा-ब-गोश[15]

---

1. घेरे के अन्दर घेरे, 2. के रूप में, (जेल) की-सी, 3. ऊँची चौहद्दी, 4. क़ैदियों (की क़िस्मत) का चक्कर, फेर, 5. मील का पत्थर (दूरियों का अन्दाज़ा देने के लिए), 6. छुटकारा, 7. (छुटकारे का) कोई रास्ता, 8. किसी सैनिक या पुलिस की, 9. मसलन् हथकड़ी या बेड़ी की ही, 10. आबादी में, 11. मर्यादावाला, 12. होश रखनेवाला, सचेतबुद्धि, 13. मुजरिम जिसके गले में रस्सी पड़ी हो, 14. मानवती छबीली, सुन्दरी, 15. बाँदी (जिसके कानों में गुलामी का हलक़ा या बाला पड़ा हो),

जो साये दूर चराग़ों के गिर्द लरज़ाँ हैं[16]
न जाने महफ़िले-ग़म है, कि बज़्मे-जाम-ओ-सुबू[17]
जो रंग हर दर-ओ-दीवार पर परीशाँ हैं
यहाँ से कुछ नहीं खुलता...ये फूल हैं कि लहू

['सरे-वादिए-सीना' से]

कराची,
मार्च, 1965

16. काँप रहे हैं, 17. मदिरा छलकानेवाली महफ़िल।

एक शहर आशोब का आग़ाज़[1]

अब बज़्मे-सुख़न[2] सुहबते-लबसोख़्तगाँ[3] है
अब हलक़ए-मय[4] ताएफ़[5]-ए-बेतलबाँ[6] है

घर रहिये तो वीरानिए-दिल खाने को आवे
रह चलिये तो हर गाम पे ग़ौग़ाए-सगाँ[7] है

पैवन्दे-रहे-कूचए-ज़र[8] चश्मे-ग़िज़ालाँ[9]
पाबोसे[10]-हवस[11] अफ़सरे[12]-शमूशादक़दाँ[13] है

याँ अहले-जुनूँ[14] यक-ब-दिगर[15] दस्तो-गरेबाँ[16]
वाँ जैश्-ए-हवस[17] तेग़-ब-कफ़[18] दरपए-जाँ[19] है

---

1. नागरिक जीवन की दुर्दशा के वर्णन का आरम्भ-मात्र, 2. काव्य-रसिकों की गोष्ठी, 3. जले-झुलसे होंठवालों की संगत, 4. मद्यपायी जानों का हलक़ा या संगत, 5-6. ऐसे रागी जन जिनकी कलात्मक आकांक्षाएँ अब कुछ नहीं माँगतीं, (ताएफ़=राग-रंगवालों या गानेवालों का दल; बेतलबाँ=जिनकी कोई तलब या माँग नहीं रह गयी है), 7. कुत्तों का शोर, सग=कुत्ता (सगाँ : बहुवचन), 8. ज़र, पूँजी (अर्थात् पूँजीवालों के कूचे की राह का पैवन्द, फटेहाल, आश्रित), 9. मृगनयनी सुन्दरियाँ (ग़िज़ाल=मृग), 10-11. मृगनयनियाँ कामी-लोभी जनों के पाँव चूमती हैं (पाबोस=पाँव चूमना; हवस=लोभ, वासना), 12-13. ऊँचे-सीधे आकर्षक क़दवाली (शमशाद वृक्ष की उपमेय) सुन्दरियों का सर (अफ़सर=शिर; शम्शादक़दाँ=शमशाद वृक्ष की तरह ऊँचे-सीधे क़दवाली), 14. मजनूँ लोग (अपने-अपने आदर्शों के पीछे बावले लोग), 15. एक-दूसरे से, 16. एक-दूसरे के गिरेबान में हाथ (यानी, हाथापाई, तू-तू मैं-मैं, करते हुए) 17. लोभ-लिप्सा और वासनाओं का लश्कर (जैश्=लश्कर, हवस=लिप्सा, वासना), 18. हाथ में तलवार लिये, 19. जान के दरपे अर्थात् जान लेने पर तुला,

अब साहिबे-इन्साफ़[20] है ख़ुद तालिबे-इन्साफ़[21]
मुहूर[22] उसकी है, मीज़ान[23] ब-दस्ते-दीगराँ[24] है

हम सहलतलब[25] कौन-से फ़रहाद[26] थे, लेकिन
अब शहूर में तेरे कोई हम-सा भी कहाँ है

['सरे-वादिए-सीना' से]

फ़रवरी, 1966

---

20. न्यायी, न्यायप्रिय व्यक्ति (सच्चे न्यायाधीश से तात्पर्य है), 21. न्याय का प्रार्थी, 22. (न्यायालय की सरकारी) मुहर तो उसकी है, मगर...! 23. तुला (न्याय की तुला), 24. दूसरे के हाथ, 25. सरल सामान्य माँगें रखनेवाले, 26. प्रसिद्ध आदर्श प्रेमी, जिसने एक मलिका (शीरीं) के प्रेम में प्राण न्योछावर किये थे।

बालीं पे कहीं रात ढल रही है

बालीं पे[1] कहीं रात ढल रही है
या शमूअ पिघल रही है?

पहलू में कोई चीज़ जल रही है
तुम हो कि मेरी जान निकल रही है?

['सरे-वादिए-सीना' से]

1. सिरहाने की ओर, सर की ओर।

फ़र्शे-नौमीदिए-दीदार[1]

देखने की तो किसे ताब है, लेकिन अब तक
जब भी इस राह से गुज़रा तो किसी दुख की कसक
टोकती है कि वो दरवाज़ा खुला है अब तक
और उस सहन में हर सू युँही पहले की तरह
फ़र्शे-नौमीदिए-दीदार बिछा है अब भी
और कहीं याद किसी दिलज़दा[2] बच्चे की तरह
हाथ फैलाये हुए बैठी है फ़रियादकुनाँ[3]

दिल ये कहता है, कहीं और चले जायें, जहाँ
कोई दरवाज़ा अबस[4] वा[5] हो, न बेकार कोई
याद फ़रियाद का कश्कोल[6] लिये बैठी हो
महरमे-हसरते-दीदार[7] हो दीवार कोई
न कोई सायए-गुल सायए-गुल से वीराँ[8]

यह भी कर देखा है सौ बार, कि जब राहों में
देस-परदेस की बेमेह्र[9] गुज़रगाहों में
क़ाफ़िले क़ामत[10]-ओ-रुख़्सार-ओ-लब-ओ-गेसू के
पर्दए-चश्म पे यों उतरे हैं बे-सूरत-ओ-रंग
जिस तरह बन्द दरीचों[11] पे गिरे बारिशे-संग
और दिल कहता है हर बार, चलो, लौट चलो

---

1. दर्शन की निराशा का फ़र्श, 2. दुखे-दिल, 3. फ़रियाद करती, अपना दुखड़ा रोती, 4. यूँ-ही, व्यर्थ को, 5. खुला, 6. भिक्षापात्र, 7. दर्शन-लालसा का छुपा राज़ जाननेवाली, राज़दार, 8. वीरान, शून्य, 9. हृदयहीन, 10. दर, 11. झरोखों, खिड़कियों।

इससे पहले कि वहाँ जायें तो ये दुख भी न हो
ये निशानी कि वो दरवाज़ा खुला है अब भी
और इस सह्न में हर सू युँही, पहले की तरह
फ़र्शे-नौमीदिए-दीदार बिछा है अब भी

['सरे-वादिए-सीना' से]

अगस्त, 1970

हज़र करो[1] मिरे तन से

सजे तो कैसे सजे क़त्ले-आम का मेला
किसे लुभायेगा मेरे लहू का वावेला
मिरे नज़ार[2] बदन में लहू ही कितना है
चराग़ हो कोई रौशन न कोई जाम भरे
न उससे आग ही भड़के, न उससे प्यास बुझे
मिरे फ़िगार[3] बदन में लहू ही कितना है

मगर वो ज़हरे-हलाहल भरा है नस-नस में
जिसे भी छेदो, हरेक् बूँद क़हरे-अफ़ई[4] है
हरेक् कशीद[5] है सदियों के दर्द-ओ-हसरत की
हरेक् में मुहर-ब-लब[6] ग़ैज़-ओ-ग़म[7] की गर्मी है

हज़र करो मिरे तन से, ये सम[8] का दरिया है
हज़र करो—कि मिरा तन वो चोब्-ए-सहरा[9] है
जिसे जलाओ तो सहने-चमन में दहकेंगे
बजाय सर्व-ओ-समन,[10] मेरी हड्डियों के बबूल
उसे बिखेरा, तो दश्त्-ओ-दमन[11] में बिखरेगी
बजाय मुश्के-सबा[12] मेरी जाने-ज़ार[13] की धूल
हज़र करो! कि मिरा दिल लहू का प्यासा है

['सरे-वादिए-सीना' से]

मार्च, 1971

---

1. बचो, डरो, 2. कमज़ोर, दुबले, 3. ज़ख़्मी, 4. सर्प-दंश का क़हर, भीषण यातना-रूप, 5. आसव, रस, खिंचा हुआ अरक़, नशीला पेय, 6. मुहरबन्द, 7. क्रोध और सन्ताप, 8. ज़हर, 9. जंगल बियाबान की लकड़ी, 10. सरो और चमेली का झाड़, 11. जंगल-बियाबान, 12 (मुश्क=कस्तूरी, सबा=मलयानिल) सुगन्धित वायु, 13. दुर्बल प्राण।

मेरी गर्द-आलूद[1] आँखों का लहू

तह-ब-तह दिल की कदूरत[2]
मेरी आँखों में उमँड आयी, तो कुछ चारा न था
चारागर[3] की मान ली
और मैंने गर्दआलूद आँखों को लहू से धो लिया
मैंने गर्दआलूद आँखों को लहू से धो लिया

और अब हर शक्ल-ओ-सूरत
अ'लमे-मौजूद[4] की हर शै[5]
मेरी आँखों के लहू से इस तरह हमरंग है
ख़ुर्शीद[6] का कुन्दन लहू
महताब[7] की चाँदी लहू
सुबहों का हँसना भी लहू
रातों का रोना भी लहू
हर शजर[8] मीनार-एं-ख़ूँ, हर फूल ख़ूनीं दीदा[9] है
हर नज़र इक तार-ए-ख़ूँ[10], हर अक्स ख़ूँ-मालीदा[11] है

मौजे-ख़ूँ[12] जब तक रवाँ रहती है, उसका सुर्ख़ रंग
जज़्बए-शौक़े-शहादत, दर्द, ग़ैज़-ओ-ग़म[13] का रंग
और थम जाये तो कजला कर
फ़क़त नफ़रत का, शब का, मौत का
हर रंग के मातम का रंग

---

1. धूल-भरी, धूल से लिपटी, 2. गँदलापन, अँधेरा, 3. उपचार करनेवाला, 4. संसार, 5. वस्तु, 6. सूरज, 7. चाँद, 8. पेड़, 9. आँख, 10. ख़ून का तार, 11. ख़ून मले हुए, 12. ख़ून की लहर, 13. क्रोध, आवेश और सन्ताप।

चारागर, ऐसा न होने दे
कहीं से ला कोई सैलाबे-अश्क[14]
जिससे वुज़ू
कर ले तो शायद धुल सके
मेरी आँखों, मेरी गर्दआलूद आँखों का लहू!

['सरे-वादिए-सीना' से]

8 अप्रैल, 1971

14. आँसुओं की बाढ़।

मिरे दर्द को जो ज़बाँ मिले

मिरा दर्द नग़मए-बेसदा[1]
मिरी ज़ात[2] ज़र्रए[7]-बेनिशाँ

मिरे दर्द को जो ज़बाँ मिले
मुझे अपना नाम-ओ-निशाँ मिले

मिरी ज़ात का जो निशाँ मिले
मुझे राज़े-नज़्मे-जहाँ[3] मिले

जो मुझे ये राज़े-निहाँ[4] मिले
मिरी ख़ामुशी को बयाँ[5] मिले

मुझे कायनात की सरवरी[6]
मुझे दौलते-दोजहाँ मिले

['शामे-शह्रे-याराँ' से]

1973

---

1. बेआवाज़ संगीत, 2. अस्तित्व, व्यक्तित्व, 3. जहान के नज़्म का राज़, अर्थात् इस विश्व की व्यवस्था का रहस्य, 4. छुपा हुआ रहस्य, 5. अभिव्यक्ति, 6. विश्व-भर का अधिनायकत्व।

पाँवों से लहू को धो डालो

हम क्या करते, किस रह चलते

हर राह में काँटे बिखरे थे
उन रिश्तों के जो छूट गये
उन सदियों के, यारानों के
जो इक-इक करके टूट गये

जिस राह चले, जिस सिम्त[1] गये
यों पाँव लहू-लुहान हुए
सब देखनेवाले कहते थे
ये कैसी रीत चलायी है
ये मेंहदी क्यों लगायी है

वो कहते थे—क्यों क़हत्-ए-वफ़ा[2]
का नाहक़ चर्चा करते हो
पाँवों से लहू को धो डालो

ये राहें जब अट जायेंगी
सौ रस्ते इनसे फूटेंगे
तुम दिल को सँभालो, जिसमें अभी
सौ तरह के नश्तर टूटेंगे

['शामे-शहरे-याराँ' से]

1973

1. दिशा, 2. प्रेम-भाव का अकाल।

सज्जाद ज़हीर के नाम

•

न अब हम साथ सैरे-गुल[1] करेंगे
न अब मिलकर सरे-मक़्तल[2] चलेंगे

हदीस्-ए-दिलबराँ बाहम करेंगे[3]
न ख़ूने-दिल से शर्ह-ए-ग़म[4] करेंगे

न लैला-ए-सुख़न[5] की दोस्तदारी
न ग़महा-ए-वतन पर अश्कबारी[6]

सुनेंगे नग़्म-ए-ज़ंजीर[7] मिलकर
न शब-भर मिलके छलकायेंगे साग़र

ब-नामे - शाहिद् - ए - नाज़ुकख़यालाँ[8]
ब-यादे - मस्तिए - चश्मे - ग़िज़ालाँ[9]
ब-नामे - इम्बिसात् - ए-बज़्मे - रिन्दाँ[10]
ब-यादे - कुल्फ़ते - अय्यामे - ज़िन्दाँ[11]

---

1. बाग़ की सैर करेंगे, अर्थात् सौन्दर्य और कला का साथ-साथ आनन्द लेंगे, 2. शहादत के स्थान तक, 3. न तो चित्ताकर्षक प्रेमिकाओं के आख्यान या अफ़साने एक-दूसरे को सुनायेंगे, 4. और न दिल के ख़ून से दुख-दर्द की व्याख्या करेंगे, 5. काव्यरूपी लैला, 6. वतन के दुखड़ों पर आँसू बहाना, 7. बन्दीगृह में पाँवों की बेड़ियों का संगीत, 8. कोमल भावनाओं-कल्पनओं में निहित प्रेमिकाओं के नाम, 9. मृगनयनियों की मस्ती की याद में, 10. रिन्दों की महफ़िल की मस्ती और आनन्द के नाम पर, 11. जेल की मुसीबतों की याद में,

सबा[12] और उसका अन्दाज़े-तकल्लुम[13]
सहर[14] और उसका आग़ाज़-ए-तबस्सुम[15]

फ़िज़ा में एक हाला-सा[16] जहाँ है
यहीं तो मस्नदे-पीरे-मुग़ाँ[17] है

सहर्गह[18] अब उसी के नाम, साक़ी
करें इत्मामे[19]-दौरे-जाम, साक़ी

बिसात्-ए-बादा-ओ-मीना उठा लो
बढ़ा दो[20] शम्ए-महफ़िल, बज़्म वालो

पियो अब एक जाम-ए-अल्विदाई
पियो, और् पीके साग़र तोड़ डालो

['शामे-शह्रे-याराँ' से]

दिल्ली
सितम्बर, 1973

---

12. मलयानिल, 13. बात करने का अन्दाज़, 14. भोर, प्रभात, 15. मुस्कान का आरम्भ, 13. प्रभामंडल-सा, 17. मस्तों के गुरु की मसनद (आसन), 18. भोर बेला में, 19. इत्मान=समाप्ति (जाम का दौर समाप्त करें), 20. अब गुल कर दो, बुझा दो।

ऐ शाम, मेह्रबाँ हो

ऐ शाम, मेह्रबाँ हो
ऐ शामे-शह्रे-याराँ
हम पे मेह्रबाँ हो

दोज़ख़ी दुपह्र सितम की
बेसबब सितम की
दुपह्र दर्द-ओ-ग़ैज़[1]-ओ-ग़म की
बेज़बाँ दर्द-ओ-ग़ैज़-ओ-ग़म की

इस दोज़ख़ी दुपहर के ताज़ियाने[2]
क़ौस[3]-दर-क़ौस बट गये हैं
ज़ख़्म सब खुल गये हैं
दाग़, जाना था, छट गये हैं

तेरे तोशे में कुछ तो होगा
मरहमे-दर्द का दुशाला
तन के उस अंग पर उढ़ा दें
दर्द सबसे सिवा जहाँ हो

ऐ शाम, मेह्रबाँ हो
ऐ शामे-शह्रे-याराँ
हम पे मेह्रबाँ हो

---

1. क्रोधावेश, 2. कीड़े, 3. कमान, धनुष,

दोज़ख़ी दश्त नफ़रतों के
बेदर्द नफ़रतों के
किर्चियाँ दीदए-हसद[4] की
ख़स-ओ-ख़ाशाक[5] रंजिशों के

इतनी सुनसान शाहराहें
इतनी गुंजान क़त्लगाहें
जिनसे आये हैं हम गुज़र कर
आबला बनके हर क़दम पर
यों पाँव कट गये हैं
रस्ते सिमट गये हैं
मख़मलें अपने बादलों की
आज पाँवों तले बिछा दे
शाफ़ी[6]-ए-कर्बे-रहरवाँ[7] हो
ऐ शाम, मेह्रबाँ हो

ऐ माहे-शबनिगाराँ[8]
ऐ रफ़ीक़े-दिलफ़िगाराँ[9]
इस शाम हमज़बाँ[10] हो
ऐ शाम, मेह्रबाँ हो
ऐ शाम, मेह्रबाँ हो
ऐ शाम, मेह्रबाँ हो
हम पे मेह्रबाँ हो

['शामे-शह्रे-याराँ' से]

1974

4. ईर्ष्या की दृष्टि, 5. घासफूस कबाड़, 6. रोग शान्त करनेवाला, 7. यात्रियों की यातना और पीड़ा को शान्त करनेवाली हो, 8. रात की रुपसियों के चाँद, 9. ज़ख़्मी दिलवालों के साथी, 10. एक समान भाषा बोलनेवाला, दिल की बात समझनेवाला।

ढाके से वापसी पर

हम कि ठहरे अजनबी, इतनी मुलाक़ातों के बाद
फिर बनेंगे आशना[1]...कितनी मुलाक़ातों के बाद

कब नज़र में आयेगी बेदाग़ सब्ज़े की बहार
ख़ून के धब्बे धुलेंगे कितनी बरसातों के बाद

थे बहुत बेदर्द लमहे[2] ख़त्मे-दर्दे-इश्क़[3] के
थीं बहुत बेमेह्र[4] सुब्हें मेह्रबाँ रातों के बाद

दिल तो चाहा, पर शिकस्ते-दिल[5] ने मुह्लत[6] ही न दी
कुछ गिले-शिकवे भी कर लेते मुनाजातों[7] के बाद

उनसे जो कहने गये थे
'फ़ैज़', जाँ सद्क़ा किये[8]
अनकही ही रह गयी वो बात
सब बातों के बाद

['शामे-शह्रे-याराँ' से]

1974

---

1. सुपरिचित, 2. क्षण, 3. प्रेम की पीड़ा की समाप्ति, 4. निर्दयी, क्रूर, 5. हृदय की पराजय, 6. अवकाश, 7. ईश्वर-प्रार्थना, स्तुतिगान, 8. प्राणों को न्यौछावर किये हुए।

बहार आयी

बहार आयी तो जैसे यकबार
लौट आये हैं फिर अदम से[1]
वो ख़्वाब सारे, शबाब[2] सारे
जो तेरे होंटों पे मर मिटे थे
जो मिट के हर बार जिये थे

निखर गये हैं गुलाब सारे
जो तेरी यादों से मुश्कबू[3] हैं
जो तेरे उश्शाक़[4] का लहू हैं

उबल पड़े हैं अज़ाब[5] सारे
मलाले-अहवाले-दोस्ताँ[6] भी
ख़ुमारे-आग़ोशे-महवशाँ[7] भी
गुबारे-ख़ातिर के बाब[8] सारे
तिरे हमारे
सवाल सारे, जवाब सारे
—बहार आयी तो खुल गये हैं
नये सिरे से हिसाब सारे

['शामे-शहरे-याराँ' से]

अप्रैल, 1975

1. किसी शून्य लोक से, 2. जवानियाँ, 3. (तेरी यादों की) कस्तूरी गन्ध, 4. प्रेमियों, 5. यातनाएँ, कष्ट, 6. दोस्तों के हाल-चाल पर खेद, 7. चन्द्र-बदन प्रेयसियों के आलिंगन का टूटता नशा, 8. दिल की भड़ास के सारे प्रसंग।

तुम अपनी करनी कर गुज़रो

अब क्यों उस दिन का ज़िक्र करो
जब दिल टुकड़े हो जायेगा
और् सारे ग़म मिट जायेंगे
जो कुछ पाया, खो जायेगा
जो मिल न सका वह पायेंगे

ये दिन तो वही पहला दिन है
जो पहला दिन था चाहत का
हम जिसकी तमन्ना करते रहे
और् जिससे हरदम डरते रहे

ये दिन तो कितनी बार आया
सौ बार बसे और् उजड़ गये
सौ बार लुटे और् भर पाया

अब क्यों उस दिन की फ़िक्र करो
जब दिल टुकड़े हो जायेगा
और् सारे ग़म मिट जायेंगे

तुम ख़ौफ़-ओ-ख़तर से दर-गुज़रो
जो होना है सो होना है
गर हँसना है तो हँसना है
गर रोना है तो रोना है
तुम अपनी करनी कर गुज़रो
जो होगा, देखा जायेगा

['शामे-शहरे-याराँ' से]

मोरी अरज सुनो

[नज़्रे-ख़ुसरो]*

"मेरी अरज सुनो दस्तगीर पीर!"
"माई री, कहूँ कासे मैं
अपने जिया की पीर!"
"नैया बाँधो रे,
बाँधो रे कनारे-दरिया!"
"मोरे मन्दर अब क्यों नहिं आये!"

—इस सूरत से
अर्ज़ सुनाते
दर्द बताते
नैया खेते
मिन्नत करते
रास्ता तकते
कितनी सदियाँ बीत गयी हैं

अब जाकर ये भेद खुला है
जिसको तुमने अर्ज़ गुज़ारी
जो था हाथ पकड़नेवाला
जिस जा लागी नाव तुम्हारी
जिससे दुख का दारू[1] माँगा

---

*हज़रत अमीर ख़ुसरो की स्मृति को अर्पित, 1. उपचार, इलाज।

तोरे मन्दर में जो नहिं आया
वो तो तुम्हीं थे!
वो तो तुम्हीं थे!

['शामे-शहूरे-याराँ' से]

सितम्बर, 1975

कुछ इश्क़ किया, कुछ काम किया

वो लोग बहुत ख़ुशक़िस्मत थे
जो इश्क़ को काम समझते थे
या काम से आशिक़ी करते थे

हम जीते-जी मसरूफ़[1] रहे
कुछ इश्क़ किया, कुछ काम किया

काम इश्क़ के आड़े आता रहा
और इश्क़ से काम उलझता रहा

फिर आख़िर तंग आकर हमने
दोनों को अधूरा छोड़ दिया।

['शामे-शहूरे-याराँ' से]

1976

1. व्यस्त।

दरे-उम्मीद के दरयूज़ागर

फिर फरैरे बनके मेरे तन-बदन की धज्जियाँ
शहर के दीवार्-ओ-दर को रंग पहनाने लगीं
फिर कफ़्आलूदा[1] ज़बानें मद्ह्-ओ-ज़म[2] की क़मचियाँ
मेरे ज़ेह्न्-ओ-गोश[3] के ज़ख़्मों पे बरसाने लगीं

फिर निकल आये हवसनाकों[4] के रक़्साँ[5] तायफ़े[6]
दर्दमन्दे-इश्क़ पर ठट्ठे लगाने के लिए
फिर दुहल[7] करने लगे तशहीर्[8]-ए-इख़्लास्-ओ-वफ़ा[9]
कुश्त-ए-सिद्क़-ओ-सफ़ा[10] का दिल जलाने के लिए

हम कि हैं कब से दरे-उम्मीद के दरयूज़ागर[11]
ये घड़ी गुज़री तो फिर दस्ते-तलब[12] फैलायेंगे
कूचा-ओ-बाज़ार से फिर चुनके रेज़ा-रेज़ा[13] ख़्वाब
हम यूँही पहले की सूरत[14] जोड़ने लग जायेंगे।

['शामे-शह्रे-याराँ' से]

मार्च, 1977

---

1. (भावावेश की उत्तेजना में) फेन-भरी, 2. प्रशंसा और निन्दा, 3. मेरी चेतना और कान, 4. कामी, लोभी, लालची, 5. नाचती हुई, 6. रागी मंडलियाँ, 7. नगाड़े, 8. बदनामी, 9. निश्छलता और प्रेम-मुरव्वत की (बदनामी ढोल पीट-पीटकर करने लगे), 10. सच्चाई और ईमानदारी पर मिटे हुए ('कुश्ता') 11. भिखारी, 12. माँगनेवाला हाथ, 13. कण-कण, 14. पहले की ही तरह, पूर्ववत्।

आज इक हर्फ़ को फिर ढूँडता फिरता है ख़याल

1

आज इक हर्फ़[1] को फिर ढूँडता फिरता है ख़याल
मध-भरा हर्फ़ कोई, ज़हर-भरा हर्फ़ कोई
दिलनशीं हर्फ़ कोई, क़हर भरा हर्फ़ कोई
हर्फ़-ए-उलफ़त कोई, दिलदार नज़र हो जैसे
जिससे जलती है नज़र बोसए-लब[2] की सूरत
इतना रौशन, कि सरे-मौजए-ज़र[3] हो जैसे
सुहबते-यार में आग़ाज़्-ए-तरब[4] की सूरत
हर्फ़-ए-नफ़रत, कोई शमशीरे-ग़ज़ब हो जैसे
ता-अबद[5] शहरे-सितम जिससे तबह हो जाये
इतना तारीक[6] कि शमशान की शब[7] हो जैसे
लब पे लाऊँ तो मिरे होंट सियह हो जायें

2

आज हर सुर से हरेक राग का नाता टूटा
ढूँडती फिरती है मुतरिब[8] को फिर उसकी आवाज़
जोशिशे-दर्द से मजनूँ के गिरेबाँ की तरह,
चाक-दर-चाक हुआ[9] आज हरेक् पर्दए-साज़[10]

---

1. (शब्द), बात, 2. होंठ का बोसा, चुम्बन, 3. सोने की या सुनहरी लहरों का किनारा, 4. ऐश की शुरुआत, 5. अनन्त काल तक के लिए, 6. अन्धकारपूर्ण, 7. रात, 8. गानेवाला, 9. हर तरफ़ से फाड़ डाला गया, तोड़ डाला गया, 10. साज़ का पर्दा (पर्दा=फ़ारसी बारह रागों में से हरएक राग और वाद्ययन्त्र का वह पुर्ज़ा जो स्वर बताता है),

आज हर मौजे-हवा से है सवाली ख़लक़त[11]
ला कोई नग़्मा[12], कोई सौत[13], तेरी उम्र दराज़
नौहए-ग़म[14] ही सही, शोरे-शहादत ही सही
सूरे-महशर[15] ही सही, बाँगे-क़यामत[16] ही सही।

['शामे-शहूरे-याराँ' से]

जुलाई, 1977

11. दुनिया, 12. संगीत की लय, 13. स्वर, 14. ग़म का नौहा=शोकगीत, 15. क़यामत के दिन मुर्दों को जगाने के लिए फूँका जानेवाला तीव्र स्वरवाला यन्त्र, 16. क़यामत का शोर।

चलो फिर से मुस्करायें

[गीत]

चलो फिर से मुस्करायें
चलो फिर से दिल जलायें

जो गुज़र गयी हैं रातें
उन्हें फिर जगाके लायें
जो बिसर गयी हैं बातें
उन्हें याद में बुलायें

चलो फिर से दिल लगायें
चलो फिर से मुस्करायें

किसी शहनशीं[1] पे झलकी
वो धनक[2] किसी क़बा की
किसी रग में कसमसायी
वो कसक किसी अदा की
कोई हर्फ़े - बेमुरौवत[4]
किसी कुंज्-ए-लब[5] से फूटा
वो छनक के शीशए-दिल
तहे-बाम[6] फिर से टूटा

1. बैठने का ऊँचा स्थान, 2. धनुष, 3. वस्त्र, 4. कठोर बात, 5. होंठ के कोने (से), 6. छत के नीचे।

ये मिलन की ना-मिलन की
जो सही हैं वारदातें
जो गुज़र गयी हैं रातें
जो बिसर गयी हैं बातें
कोई उनकी धुन बनायें
कोई उनका गीत गायें
चलो फिर से मुस्करायें
चलो फिर से दिल जलायें।

['शामे-शहरे-यारॉं' से]

1974

मंज़िलें*

मंज़िलें, मंज़िलें
शौक़े-दीदार की मंज़िलें
हुस्ने-दिलदार की मंज़िलें, प्यार की मंज़िलें
प्यार की बेपनह रात की मंज़िलें
कहकशाओं की[1] बारात की मंज़िलें

बलन्दी की, हिम्मत की, परवाज़[2] की
जोशे-परवाज़ की मंज़िलें
राज़ की मंज़िलें
ज़िन्दगी की कठिन राह की मंज़िलें
बलन्दी की, हिम्मत की, परवाज़ की मंज़िलें
जोशे-परवाज़ की मंज़िलें
राज़ की मंज़िलें

आन मिलने के दिन
फूल खिलने के दिन
वक़्त के घोर सागर में सुबह की
शाम की मंज़िलें
चाह की मंज़िलें
आस की, प्यास की
हसरते-यार की
प्यार की मंज़िलें
मंज़िलें, हुस्न्-ए-आलम के गुलज़ार की मंज़िलें, मंज़िलें

---

*फ़िल्म : 'क़सम उस वक़्त की' से, 1. आकाशगंगाओं की, 2. उड़ान,

मौज-दर-मौज[3] ढलती हुई रात के दर्द की मंज़िलें
चाँद-तारों के वीरान संसार की मंज़िलें
अपनी धरती के आबाद बाज़ार की मंज़िलें
हक़ के इर्फ़ान[4] की
नूरे-अनवार की
वस्ले-दिलदार की
क़ौल-ओ-इक़रार की मंज़िलें
मंज़िलें, मंज़िलें

['शामे-शहूरे-याराँ' से]

---

3. लहर पर लहर, 4. सत्य का तात्त्विक ज्ञान।

तीन गीत

['जागो हुआ सवेरा' के फ़िल्मनिर्माता अजय कारदार की फ़िल्म 'दूर है सुख का गाँव' के कथोपकथन और गीत फ़ैज़ ने लिखे हैं। यहाँ दिये गये तीनों गीत 'अफ़कार' के फ़ैज़ नम्बर (विशेषांक, 1965) से लिये गये हैं।]

1

पंखी राजा रे! पंखी राजा, मीठा बोल
जोत जगी हर मन में
भौंरा गूँजे, डाली झूमे
बस्ती बाड़ी, बन में
जोत जगी हर मन में
पंखी राजा, मीठा बोल

नदिया रानी रे! नदिया रानी, मीठा बोल
घाट लगी हर नाव
रात गयी, सुख जागा
पायल बाँधो, नाचो गाओ
घाट लगी हर नाव
नदिया रानी, मीठा बोल

सुन्दर गोरी रे, सुन्दर गोरी, गीठा बोल
जीवे रूप जवानी
बात करे तो फूल खिलें
अँखियाँ एक कहानी
जैसे दूर से तारा चमके

चमके रूप जवानी
जीवे रूप जवानी
जोत जगी हर मन में

पंखी राजा, मीठा बोल
नदिया रानी...! सुन्दर गोरी...

2

सुखी रहे तेरी रात, चन्दा, सुखी रहे तेरी रात
दूर है चैन की नगरी चन्दा, दूर है सुख का गाँव
जाने कैसे राह कटेगी, हारे थक-थक पाँव
ओट में बैठे बैरी चन्दा, थाम ले मेरा हाथ
सुखी रहे तेरी रात

तेरी दया से दीप जला है, इस पापन के द्वारे
जाने कैसे भाग जगे हैं, भूल गये दुख सारे
मन काँपे, जी धड़के, चन्दा! छूट न जाये साथ
सुखी रहे तेरी रात

3

बुझ गया चन्दा, लुट गया घरवा, बाती बुझ गयी रे
दैया, राह दिखाओ
मोरी बाती बुझ गयी रे, कोई दीप जलाओ
रोने से कब रात कटेगी, हट न करो, मन जाओ

मनुआ, कोई दीप जलाओ
अपने दुख का दीप बनाओ
हट न करो, मन जाओ
मनुआ, कोई दीप जलाओ

मुनीज़ा* की सालगिरह

[बच्चों के लिए]

इक मुनीज़ा हमारी बेटी है, जो बहुत ही पियारी बेटी है
हम ही कब उसको प्यार करते हैं; सबके-सब उसको प्यार करते हैं
कैसे सबको न आये प्यार उस पर : है वही तो हमारी डिक्टेटर
प्यार से जो भी जी चुरायेगा, वह ज़रूर उससे मार खायेगा
ख़ैर, ये बात तो हँसी की है, वैसे सचमुच बहुत वो अच्छी है
फूल की तरह उसकी रंगत है; चाँद की तरह उसकी सूरत है
जब ख़ुश होके मुस्कराती है, चाँदनी जग में फैल जाती है
पढ़ने-लिखने में ख़ूब क़ाबिल है, खेलने-कूदने में कामिल है
उम्र देखो तो आठ साल की है; अक़्ल देखो तो साठ साल की है
फिर वो गाना भी अच्छा गाती है; गर्चे हमको नहीं सुनाती है
बात करती है इस क़दर मीठी, जैसे डाली पे कूक बुलबुल की
हाँ, कोई उसको जब सताता है, तब ज़रा गुस्सा आ ही जाता है
पर वो जल्दी से मन भी जाती है; कब किसी को भला सताती है
है शिगुफ़्ता[1] बहुत मिज़ाज उसका, सारा उम्दा है काम-काज उसका
है मुनीज़ा की आज सालगिरह : हर तरफ़ शोर है मुबारक का
चाँद-तारे दुआएँ देते हैं; फूल उसकी बलाएँ लेते हैं
बाग़ में गा रही है ये बुलबुल—तुम सलामत रहो मुनीज़ा गुल
अम्मी अब्बा भी, और बाजी भी, आंटियाँ और बहन-भाई भी
आज सब उसको प्यार करते हैं, मिलके सब बार-बार कहते हैं

---

* मुनीज़ा फ़ैज़ की छोटी बेटी का नाम, जो अब शादी के बाद मुनीज़ा हाशमी हैं—पाकिस्तान टेलीविज़न में प्रोड्यूसर, 1. शिगुफ़्तामिज़ाज प्रसन्न स्वभाव, हँसमुख।

फिर यूँही शोर हो मुबारक का! आये सौ बार तेरी सालगिराह
सौ तो क्या, सौ हज़ार बार आये! यों कहो, बेशुमार बार आये
लाये हर बार अपने साथ ख़ुशी, और हम सब कहा करें यों ही
ये मुनीज़ा हमारी बेटी है, ये बहुत ही पियारी बेटी है!

1950

जीवन

बचपन से जवानी तक*

[फ़ैज़ की मिर्ज़ा ज़फ़रुल हसन से एक बातचीत]

हमारे शाइरों को हमेशा यह शिकायत रही है कि ज़माने ने उनकी क़द्र नहीं की।...हमें इससे उलट शिकायत यह है कि हम पे लुत्फ़ो-इनायात की इस क़दर बारिश रही है; अपने दोस्तों की तरफ़ से, अपने मिलनेवालों की तरफ़ से, और उनकी जानिब से भी जिनको हम जानते भी नहीं—कि अक्सर दिल में हिचक महसूस होती है कि इतनी तारीफ़ और वाहवाही पाने का हक़दार होने के लिए जो थोड़ा-बहुत काम हमने किया है, उससे बहुत ज़ियादा हमें करना चाहिए था।

यह कोई आज की बात नहीं है। बचपन ही से इस क़िस्म का असर औरों पर रहा है। जब हम बहुत छोटे थे, स्कूल में पढ़ते थे, तो स्कूल के लड़कों के साथ भी कुछ इसी क़िस्म के तअल्लुक़ात क़ायम हो गये थे। ख़ाहमख़ाह उन्होंने हमें अपना लीडर मान लिया था, हालाँकि लीडरी के गुन हममें नहीं थे। या तो आदमी बहुत लट्ठबाज़ हो कि दूसरे उनका रो'ब मानें, या वह सबसे बड़ा विद्वान हो। हम पढ़ने-लिखने में ठीक थे, खेल भी लेते थे, लेकिन पढ़ाई में हमने कोई ऐसा कमाल पैदा नहीं किया था कि लोग हमारी तरफ़ ज़रूर ध्यान दें।

बचपन का मैं सोचता हूँ तो एक यह बात ख़ास तौर से याद आती है कि हमारे घर में औरतों का एक हुजूम था। हम जो तीन भाई थे उनमें हमारे छोटे भाई (इनायत) और बड़े भाई (तुफ़ैल) घर की औरतों से बाग़ी होकर खेलकूद में जुटे रहते थे। हम अकेले उन ख़वातीन (महिलाओं) के हाथ आ गये। इसका कुछ नुक़सान भी हुआ और कुछ फ़ायदा भी। फ़ायदा तो यह हुआ कि उन महिलाओं ने हमको इन्तिहाई शरीफ़ाना ज़िन्दगी बसर करने पर मजबूर किया; जिसकी वजह से कोई असभ्य या उजड्ड क़िसम की बात उस ज़माने में हमारे मुँह से नहीं निकलती थी। अब भी नहीं निकलती। नुक़्सान यह हुआ, जिसका मुझे अक्सर

---

* फ़ैज़ के सबसे ताज़ा काव्य-संग्रह 'शामे-शह्रे-याराँ' के आरम्भिक गद्य-भाग से लिया गया। —सम्पादक

अफ़सासे होता है, कि बचपन के खिलँदड़ेपन या एक तरह की मौजी ज़िन्दगी गुज़ारने से हम कटे रहे। मसलन यह कि गली में कोई पतंग उड़ा रहा है, कोई गोलियाँ खेल रहा है, कोई लट्टू चला रहा है; हम सब खेलकूद देखते रहते थे, अकेले बैठकर। 'होता है शबो-रोज़ तमाशा मिरे आगे' वाला मामला। हम उन तमाशों के सिर्फ़ तमाशाई बने रहते, और उनमें शरीक होने की हिम्मत इसलिए नहीं होती थी कि उसे शरीफ़ाना शग़ल या शरीफ़ाना काम नहीं समझते थे।

उस्ताद भी हम पर मेहरबान रहे। आजकल की मैं नहीं जानता, हमारे ज़माने में तो स्कूल में सख़्त पिटाई होती थी। हमारे वक़्तों के उस्ताद तो निहायत ही जल्लाद क़िस्म के लोग थे। सिर्फ़ यही नहीं कि उनमें से किसी ने हमको हाथ नहीं लगाया बल्कि हर क्लास में मॉनिटर बनाते थे : बल्कि (साथी लड़कों को) सज़ा देने का मंसब भी हमारे हवाले करते थे, यानी—फ़लाँ को चाँटा लगाओ, फ़लाँ को थप्पड़ मारो। इस काम से हमें बहुत कोफ़्त होती थी, और हम कोशिश करते थे कि जिस क़दर भी मुमकिन हो यों सज़ा दें कि हमारे शिकार को वह सज़ा महसूस न हो। तमाँचे की बजाय गाल थपथपा दिया, या कान आहिस्ता से खींचा, वग़ैरह। कभी हम पकड़े जाते तो उस्ताद कहते—"यह क्या कर रहे हो! ज़ोर से चाँटा मारो!"

इसके दो प्रभाव बहुत गहरे पड़े। एक तो यह कि बच्चों की जो दिलचस्पियाँ होती हैं उनसे वंचित रहे। दूसरे यह कि अपने दोस्तों, क्लासवालों और उस्तादों से हमें बेहद स्नेह आशीष, खुलापन और अपनाव मिला; जो बाद के ज़माने के दोस्तों और समकालीनों से मिला, और आज भी मिल रहा है।

सुबह हम अपने अब्बा के साथ फ़ज्र की नमाज़ पढ़ने मस्जिद जाया करते थे। मामूल [नियम] यह था कि अज़ान के साथ हम उठ बैठे, अब्बा के साथ मस्जिद गये, नमाज़ अदा की; और घंटा-डेढ़-घंटा मौलवी इब्राहीम मीर सियालकोटी से, जो अपने वक़्त के बड़े फ़ाज़िल (विद्वान) थे, क़ुरान-शरीफ़ का पाठ पढ़ा-समझा; अब्बा के साथ डेढ़-दो घंटों की सैर के लिए गये; फिर स्कूल। रात को अब्बा बुला लिया करते, ख़त लिखने के लिए। उस ज़माने में उन्हें ख़त लिखने में कुछ दिक़्क़त होती थी। हम उनके सेक्रेटरी का काम अंजाम देते थे। उन्हें अख़बार भी पढ़कर सुनाते थे। इन कई कामों में लगे रहने की वजह से हमें बचपन में बहुत फ़ायदा हुआ। उर्दू-अंग्रेज़ी अख़बारात पढ़ने और ख़त लिखने की वजह से हमारी जानकारी काफ़ी बढ़ी।

एक और याद ताज़ा हुई। हमारे घर से मिली हुई एक दुकान थी, जहाँ किताबें किराये पर मिलती थीं। एक किताब का किराया दो पैसे होता। वहाँ एक

साहब हुआ करते थे जिन्हें सब 'भाई साहब' कहते थे। भाई साहब की दुकान में उर्दू साहित्य का बहुत बड़ा भंडार था। हमारी छठी-सातवीं जमात के विद्यार्थी-युग में जिन किताबों का रिवाज था, वह आजकल क़रीब-क़रीब नापैद हो चुकी हैं, जैसे—तिलिस्मे-होशरुबा, फ़सानए-आज़ाद, अब्दुल हलीम शरर के नाविल, वग़ैरह। ये सब किताबें पढ़ डालीं इसके बाद शाइरों का कलाम पढ़ना शुरू किया। दाग़ का कलाम पढ़ा। मीर का कलाम पढ़ा। ग़ालिब तो उस वक़्त बहुत ज़ियादा हमारी समझ में नहीं आया। दूसरों का कलाम भी आधा समझ में आता था, और आधा नहीं आता था। लेकिन उनका दिल पर असर कुछ अजब क़िस्म का होता था। यों, शे'र से लगाव पैदा हुआ, और साहित्य में दिलचस्पी होने लगी।

हमारे अब्बा के मुंशी घर के एक तरह के मैनेजर भी थे। हमारा उनसे किसी बात पर मतभेद हो गया तो उन्होंने कहा—"अच्छा, आज हम तुम्हारी शिकायत करेंगे कि तुम नाविल पढ़ते हो; स्कूल की किताबें पढ़ने की बजाय छुपकर अंट-शंट किताबें पढ़ते हो।" हमें इस बात से बहुत डर लगा, और हमने उनकी बहुत मिन्नत की कि शिकायत न करें; मगर वह न माने और अब्बा से शिकायत कर ही दी। अब्बा ने हमें बुलाया और कहा—"मैंने सुना है, तुम नाविल पढ़ते हो।" मैंने कहा—"जी हाँ।" कहने लगे—"नाविल ही पढ़ना है तो अंग्रेज़ी नाविल पढ़ो, उर्दू के नाविल अच्छे नहीं होते। शहर के क़िले में जो लायब्रेरी है, वहाँ से नाविल लाकर पढ़ा करो।"

हमने अंग्रेज़ी नाविल पढ़ना शुरू किये। डिकेन्स, हार्डी, और न जाने क्या-क्या पढ़ डाला। वह भी आधा समझ में आता था और आधा पल्ले न पड़ता था। मगर इस पढ़ने की वजह से हमारी अंग्रेज़ी बेहतर हो गयी। दसवीं जमात में पहुँचने तक महसूस हुआ कि बाज़ उस्ताद पढ़ाने में ग़लतियाँ कर जाते हैं। हम उनकी अंग्रेज़ी दुरुस्त करने लगे। इस पर हमारी पिटाई तो न हुई; अलबत्ता वो उस्ताद कभी ख़फ़ा हो जाते और कहते—"अगर तुम्हें हमसे अच्छी अंग्रेज़ी आती है तो फिर तुम ही पढ़ाया करो, हमसे क्यों पढ़ते हो!"

उस ज़माने में कभी-कभी मुझे पर एक ख़ास क़िस्म का भाव छा जाता था। जैसे, यकायक आस्मान का रंग बदल गया है—बाज़ चीज़ें कहीं दूर चली गयी हैं...धूप का रंग अचानक मेंहदी का-सा हो गया है...पहले जो देखने में आता था, उसकी सूरत बिल्कुल बदल गयी है। दुनिया एक तरह की पर्दए-तस्वीर के क़िस्म की चीज़ महसूस होने लगती थी। इस कैफ़ीयत (भावना) का बाद में भी कभी-कभी एहसास हुआ है, मगर अब नहीं होता।

मुशाइरे भी हुआ करते थे। हमारे घर से मिली हुई एक हवेली थी जहाँ सर्दियों के ज़माने में मुशाइरे किये जाते थे। सियालकोट में पंडित राजनारायन 'अरमान' हुआ करते थे, जो इन मुशाइरों के इन्तिज़ामात किया करते थे। एक बुज़ुर्ग मुंशी सिराजदीन मरहूम थे—अल्लामा इक़बाल के दोस्त, श्रीनगर में महाराजा कश्मीर के मीर मुंशी, वह सदारत (अध्यक्षता) किया करते थे। जब दसवीं जमात में पहुँचे तो हमने भी तुकबन्दी शुरू कर दी, और एक-दो मुशाइरों में शे'र पढ़ दिये। मुंशी सिराजदीन ने हमसे कहा—"मियाँ, ठीक है, तुम बहुत तलाश से (परिश्रम से) शे'र कहते हो, मगर यह काम छोड़ दो। अभी तो तुम पढ़ो-लिखो, और जब तुम्हारे दिलो-दिमाग़ में पुख़्तगी आ जाये तब यह काम करना। इस वक़्त यह महज़ वक़्त की बर्बादी है।" हमने शे'र कहना बन्द कर दिया।

अब हम मरे कालेज सियालकोट में दाख़िल हुए, और वहाँ प्रोफ़ेसर यूसुफ़ सलीम चिश्ती उर्दू पढ़ाने आये, जो इक़बाल के मुंफ़स्सिर (भाष्यकार) भी हैं। तो उन्होंने मुशाइरे की तरह डाली। और कहा—'तरह' पर[1] शे'र कहो! हमने कुछ शे'र कहे, और हमें बहुत दाद मिली। चिश्ती साहब ने मुंशी सिराजदीन से बिल्कुल उलटा मशविरा दिया और कहा—फ़ौरन इस तरफ़ तवज्जुह करो, शायद तुम किसी दिन शाइर हो जाओ!

गवर्नमेंट कालेज लाहौर चले गये। जहाँ बहुत ही फ़ाज़िल और मुश्फ़िक़ (विद्वान और स्नेही) उस्तादों से नियाज़मन्दी हुई। पतरस बुख़ारी थे; इस्लामिया कालेज में डॉक्टर तासीर थे; बाद में सूफ़ी तबस्सुम साहब आ गये। इनके अलावा शहर के जो बड़े साहित्यकार थे—इम्तियाज़ अली ताज थे; चिराग़हसन हसरत, हफ़ीज़ जालन्धरी साहब थे; अख़्तर शीरानी थे—उन सबसे निजी राह-रस्म हो गयी। उन दिनों पढ़ानेवालों और लिखनेवालों का रिश्ता अदब (साहित्य) के साथ-साथ कुछ दोस्ती का-सा भी होता था। कालेज की क्लासों में तो शायद हमने कुछ ज़ियादा नहीं पढ़ा; लेकिन उन बुज़ुर्गों की सुह्बत और मुहब्बत से बहुत-कुछ सीखा। उनकी महफ़िलों में हम पर शफ़क़त[2] होती थी, और हम वहाँ से बहुत-कुछ हासिल करके उठते थे।

हमने अपने दोस्तों से भी बहुत सीखा। जब शे'र कहते तो सबसे पहले ख़ास दोस्तों ही को सुनाते थे। उनसे दाद मिलती तो मुशाइरों में पढ़ते। अगर कोई शे'र ख़ुद पसन्द न आया, या दोस्तों ने कहा, निकाल दो, तो उसे काट देते। एम.ए. में पहुँचने तक बाक़ायदा लिखना शुरू कर दिया था।

---

1. दिये हुए साँचे पर, 2. स्नेहयुक्त आशीष की भावना।

हमारे एक दोस्त हैं ख़्वाजा ख़ुर्शीद अनवर। उनकी वजह से हमें संगीत में दिलचस्पी पैदा हुई। ख़ुर्शीद अनवर पहले तो दहशतपसन्द (क्रान्तिकारी) थे, भगतसिंह ग्रुप में शामिल। उन्हें सज़ा भी हुई, जो बाद में माफ़ कर दी गयी। दहशतपसन्दी तर्क करके वह संगीत की तरफ़ आ गये। हम दिन में कालेज जाते और शाम को ख़ुर्शीद अनवर के वालिद ख़्वाजा फ़ीरोज़ुद्दीन मरहूम की बैठक में बड़े-बड़े उस्तादों का गाना सुनते। यहाँ उस ज़माने के सब ही उस्ताद आया करते थे; उस्ताद तवक्कुल हुसैन ख़ाँ, उस्ताद अब्दुल वहीद ख़ाँ, उस्ताद आशिक़ अली ख़ाँ, और छोटे गुलाम अली ख़ाँ, वग़ैरह। इन उस्तादों के साथ के और हमारे दोस्त रफ़ीक़ ग़ज़नवी मरहूम से भी सुह्बत होती थी। रफ़ीक़ ला-कालेज में पढ़ते थे। पढ़ते तो ख़ाक थे, बस रस्मी तौर पर कालेज में दाख़िला ले रक्खा था। कभी ख़ुर्शीद अनवर के कमरे में और कभी रफ़ीक़ के कमरे में बैठक हो जाती थी। ग़रज़ इस तरह हमें इस फ़न्ने-लतीफ़ (ललित-कला) से आनन्द का काफ़ी मौक़ा मिला।

जब हमारे वालिद गुज़र गये तो पता चला कि घर में खाने तक को कुछ नहीं है। कई साल तक दर-ब-दर फिरे और फ़ाक़ामस्ती की। इसमें भी लुत्फ़ आया, इसलिए कि इसकी वजह से 'तमाशाए-अहले-करम'[1] देखने का बहुत मौक़ा मिला, ख़ास तौर से अपने दोस्तों से। कालेज में एक छोटा-सा हल्क़ा (मंडली) बन गया था। कोयटा के हमारे दोस्त थे, एहतिशामुद्दीन और शेख़ अहमद हुसैन, डॉ. हमीदुद्दीन भी इस हल्क़े में शामिल थे। इनके साथ शाम को महफ़िल रहा करती। जवानी के दिनों में जो दूसरे वाक़िआत होते हैं वह भी हुए, और हर किसी के साथ होते हैं।

गर्मियों में कालेज बन्द होते, तो हम कभी ख़ुर्शीद अनवर और भाई तुफ़ैल के साथ श्रीनगर चले जाया करते, और कभी अपनी बहन के पास लायलपुर पहुँच जाते। लायलपुर में बारी अलीग और उनके गिरोह के दूसरे लोगों से मुलाक़ात रहती। कभी अपनी सबसे बड़ी बहन के हाँ धरमशाला चले जाते, जहाँ पहाड़ की सीनरी देखने का मौक़ा मिलता, और दिल पर एक ख़ास क़िस्म का नक़्श (गहरा प्रभाव) होता। हमें इनसानों से जितना लगाव रहा, उतना क़ुदरत के मनाज़िर (सीन-सीनरी) और नेचर के हुस्न को देखने-परखने का नहीं रहा। फिर भी उन दिनों मैंने महसूस किया कि शहर के जो गली-मुहल्ले हैं, उनमें भी अपना एक हुस्न

---

1. पैसेवालों की कृपा का नाटक।
[ग़ालिब का शे'र है : बनाकर फ़क़ीरों का हम भेस ग़ालिब/तमाशाए-अहले-करम देखते हैं]

है जो दरिया और सहरा, कोहसार या सर्व-ओ-समन से कम नहीं। अलबत्ता उसको देखने के लिए बिल्कुल दूसरी तरह की नज़र चाहिए।

मुझे याद है, हम मस्ती दरवाज़े के अन्दर रहते थे। हमारा घर ऊँची सतह पर था। नीचे नाला बहता था। छोटा-सा एक चमन भी था। चार-तरफ़ बाग़ात थे। एक रात चाँद निकला हुआ था। चाँदनी नाले और इर्द-गिर्द के कूड़े-करकट के ढेर पर पड़ रही थी। चाँदनी और साये, ये सब मिलकर कुछ अजब भेद-भरा-सा मंज़र बन गये थे। चाँद की इनायत से उस सीन पर भद्दा पहलू छुप गया था और कुछ अजीब ही क़िस्म का हुस्न पैदा हो गया था; जिसे मैंने लिखने की कोशिश भी की है। एकाध नज़्म में यह मंज़र खेंचा है जब शहर की गलियों, मुहल्लों और कट्ड़ियों में कभी दोपहर के वक़्त कुछ इसी क़िस्म का रूप आ जाता है जैसे मालूम हो कोई परिस्तान है। 'नीम-शब', 'चाँद', 'ख़ुदफ़रामोशी', 'बाम्-ओ-दर ख़ामुशी के बोझ से चूर', वग़ैरह उसी ज़माने से सम्बन्ध रखती हैं।

एम.ए. में पहुँचे तो कभी क्लास में जाने की ज़रूरत महसूस हुई, कभी बिल्कुल जी न चाहा। दूसरी किताबें जो कोर्स में नहीं थीं, पढ़ते रहे। इसलिए इम्तिहान में कोई ख़ास पोज़ीशन हासिल नहीं की। लेकिन मुझे मालूम था कि जो लोग अव्वल-दोअम आते हैं, हम उनसे ज़ियादा जानते हैं, चाहे हमारे नम्बर उनसे कम ही क्यों न हों। यह बात हमारे उस्ताद लोग भी जानते थे। जब किसी उस्ताद का, जैसे प्रोफ़ेसर डिकिन्सन या प्रोफ़ेसर कटापालिया थे, लेक्चर देने को जी न चाहता तो हमसे कहते—हमारी बजाय तुम लेक्चर दो; एक ही बात है! अलबत्ता प्रोफ़ेसर बुख़ारी बड़े क़ायदे के प्रोफ़ेसर थे। वह ऐसा नहीं करते थे। प्रोफ़ेसर डिकिन्सन के ज़िम्मे उन्नीसवीं सदी का नस्री अदब (गद्य साहित्य) था; मगर उन्हें उससे दरअस्ल कोई दिलचस्पी नहीं थी। इसलिए हमसे कहा—दो-तीन लेक्चर तैयार कर लो! दूसरे जो दो-तीन लायक़ लड़के हमारे साथ थे, उनसे भी कहा—दो-दो तीन-तीन लेक्चर तुम लोग भी तैयार कर दो! किताबों वग़ैरह के बारे में कुछ पूछना हो तो आके हमसे पूछ लेना। चुनांचे, नीमउस्ताद[1] हम उसी ज़माने में हो गये थे।

शुरू-शुरू में शाइरी के दौरान में, या कालेज के ज़माने में हमें कोई ख़याल ही न गुज़रा कि हम शाइर बनेंगे। सियासत (राजनीति) वग़ैरह तो उस वक़्त ज़ेह्न में बिल्कुल ही न थी। अगरचे उस वक़्त की तहरीकों (आन्दोलनों) मसलन् कांग्रेस तहरीक, ख़िलाफ़त तहरीक, या भगतसिंह की दहशतपसन्द (क्रान्तिकारी) तहरीक के असर तो ज़ेह्न में थे, मगर हम ख़ुद इनमें से किसी क़िस्से में शरीक नहीं थे।

---

1. आधे (अधकचरे) अध्यापक [नीमहकीम के वज़न पर]।

शुरू में ख़याल हुआ कि हम कोई बड़े क्रिकेटर बन जायें, क्योंकि लड़कपन से क्रिकेट का शौक़ था और बहुत खेल चुके थे। फिर जी चाहा, उस्ताद बनना चाहिए; रिसर्च करने का शौक़ था। इनमें से कोई बात भी न बनी। हम क्रिकेटर बने न आलोचक; और न रिसर्च किया, अलबत्ता उस्ताद (प्राध्यापक) होकर अमृतसर चले गये।

हमारी ज़िन्दगी का शायद सबसे ख़ुशगवार ज़माना अमृतसर ही का था; और कई एतिबार से। एक तो इस वजह से, कि जब हमें पहली दफ़ा पढ़ाने का मौक़ा मिला तो बहुत लुत्फ़ आया। अपने विद्यार्थियों से दोस्ती का लुत्फ़; उनसे मिलने और रोज़मर्रा की रस्मो-राह का लुत्फ़; उनसे कुछ सीखने, और उन्हें पढ़ाने का लुत्फ़। उन लोगों से दोस्ती अब तक क़ायम है। दूसरे यह कि, उस ज़माने में कुछ संजीदगी (गम्भीरता) से शे'र लिखना शुरू किया। तीसरे यह कि, अमृतसर ही में पहली बार सियासत में थोड़ी-बहुत सूझ-बूझ अपने कुछ साथियों की वजह से पैदा हुई; जिनमें महमूदुज़्ज़फ़र थे, डॉक्टर रशीद जहाँ थीं, बाद में डॉक्टर तासीर आ गये थे। यह एक नयी दुनिया साबित हुई। मज़दूरों में काम शुरू किया। सिविल लिबर्टीज़[1] की एक अंजुमन (संस्था) बनी, तो उसमें काम किया, तरक़्क़ी-पसन्द तहरीक[2] शुरू हुई तो उसके संगठन में काम किया। इन सबसे ज़ेहनी तस्कीन (मानसिक-बौद्धिक सन्तोष) का एक बिल्कुल नया मैदान हाथ आया।

तरक़्क़ी-पसन्द अदब (प्रगतिशील साहित्य) के बारे में बहसें शुरू हुईं, और उनमें हिस्सा लिया। 'अदबे-लतीफ़' के सम्पादन की पेशकश हुई तो दो-तीन बरस उसका काम किया। उस ज़माने में लिखनेवालों के दो बड़े गिरोह थे; एक अदब-बराय-अदब ('साहित्य साहित्य के लिए') वाले, दूसरे तरक़्क़ी-पसन्द थे। कई बरस तक इन दोनों के दरमियान बहसें चलती रहीं; जिसकी वजह से काफ़ी मसरूफ़ियत रही;—जो, अपनी जगह ख़ुद एक बहुत ही दिलचस्प और तस्कीनदेह तज्रुबा था। पहली बार उपमहाद्वीप में रेडियो शुरू हुआ। रेडियो में हमारे दोस्त थे। एक सैयद रशीद अहमद थे, जो रेडियो पाकिस्तान के डायरेक्टर जनरल (महाधीक्षक) हुए। दूसरे, सोमनाथ चिब थे, जो आजकल[3] हिन्दुस्तान में पर्यटन विभाग के अध्यक्ष हैं। दोनों बारी-बारी से लाहौर के स्टेशन डायरेक्टर मुक़र्रर हुए। हम और हमारे साथ शहर के दो-चार और अदीब (साहित्यकार) डाक्टर तासीर, हसरत, सूफ़ी साहब और हरिचन्द 'अख़्तर' वग़ैरह रेडियो आने-जाने लगे। उस ज़माने में रेडियो का प्रोग्राम डायरेक्टर ऑफ़ प्रोग्राम्ज़ नहीं बनाता था, हम लोग

---

1. जनता के मौलिक अधिकारों की स्वतन्त्रता, 2. प्रगतिशील आन्दोलन, 3. सन् 1977 में (?)

मिलकर बनाया करते थे। नयी-नयी बातें सोचते थे और उनसे प्रोग्राम का ख़ाका तैयार करते थे। उन दिनों हमने ड्रामे लिखे, फ़ीचर लिखे, दो-चार कहानियाँ लिखीं। यह सब एक बँधा हुआ काम था। रशीद जब दिल्ली चले गये, तो हम देहली जाने लगे। वहाँ नये-नये लोगों से मुलाक़ात हुई। देहली और लखनऊ के लिखनेवाले गिरोहों से जान-पहचान हुई। मजाज़, सरदार जाफ़री, जाँनिसार अख़्तर, जज़्बी और मख़दूम मरहूम से रेडियो के वास्ते से राबिता (सम्पर्क) पैदा हुआ; जिससे दोस्ती के अलावा समझ और सूझ-बूझ में तरह-तरह के इज़ाफ़े हुए। वह सारा ज़माना मसरूफ़ियत (व्यस्तता) का भी था, और एक तरह से बेफ़िक्री का भी।

['शामे-शह्रे-यारां' से]

यादों के साये

[एलिस फ़ैज़]

यह बात लगभग नामुमकिन है कि किसी ऐसे व्यक्ति के बारे में औपचारिक आदर-भाव के साथ बात की जाये जो चौबीस साल तक रगे-जाँ की तरह साथ रहा है—एक ऐसा व्यक्ति जो मेरा पति है।

फ़ैज़ पर लिखते समय ज़ाती बातें और साथ झेले हुए अनुभव विचित्र आकर्षण की तरह दामने-दिल को खींचते हैं। लेकिन जब यह चुनने का प्रश्न उठे कि क्या लिखूँ तो वही बातें चुननी चाहिएँ जो दूसरों के जीवन पर अपने प्रभाव की मुहर लगा सकें, दूसरों के दिलों को यूँ छू लें कि उनका स्पर्श मुस्कान और मुक्त हँसी को जन्म दे सके,...यही नहीं, बल्कि जो बातें आँसुओं के सीमांचल तक पहुँचा दें।

मैं विगत दिनों की ओर देखती हूँ...मेरी निगाहें अनिवार्यतः बन्दीगृह के दरवाज़े से होकर विगत तक पहुँचती हैं। जेल के ये साल हमारे सम्मिलित जीवन में एक अवरोधक अन्तराल की तरह नज़र आते हैं। मगर इन बरसों ने हम दोनों को वह कुछ दिया है जो किसी तरह भी हम हासिल नहीं कर सकते थे। चन्द साल, जिनमें घुटनियों चलती हुई एक बच्ची छोटी-सी लड़की बन गयी; जिनमें एक लड़की धीरे-धीरे नौजवान महिला बन गयी; जिनमें जीवन के एक अचानक मोड़ की तरह 'किसी' के सर के बालों पर सफ़ेदी छाने लगी, और किसी चेहरे पर झुर्रियाँ आहिस्ता-आहिस्ता अपना जाल बुनती रहीं। जेल के दरवाज़े अवरोध-स्वरूप हमारे बीच में थे; लेकिन उन दरवाज़ों में दाख़िल होते हुए, उनसे निकलते हुए ज़ंजीरों की झनकार और तालों में कुंजियों के घूमने की आवाज़ के साथ ज़ंजीरों-बेड़ियों से बँधे ये दिन अपने पीछे-पीछे हर्ष और आनन्द से भरे-पूरे क्षण लेकर आये : अविश्वसनीय रूप से मानो आँचल में फूलों का उपहार लिये, ये क्षण।...मैं उन दिनों के ग़म बल्कि ग़मों की बात नहीं करूँगी। क्योंकि मौत (और ग़म) ने अपनी इच्छाएँ हम दोनों को सौंपी हैं।...मैं तो ख़ुशी के क्षणों की

याद ताज़ा करना चाहती हूँ, ताकि सूरज की रौशनी से ये बीते हुए क्षण जगमगा उठें...हालाँकि मैं जानती हूँ कि साये भी उतने ही प्यारे होते हैं।

जब मार्च की एक सुबह को फ़ैज़ ने मुझे और सोते हुए बच्चों को ख़ुदा हाफ़िज़ कहा तो मेरे सामने सबसे पहला और संगीन मस्अला यह था कि चार सौ रुपये मासिक की आमदनी से घर को कैसे चलाया जायेगा। न चाहते हुए भी उदास दिल से हमने शफ़ीउल्ला के अलावा दूसरे पुराने नौकरों को अलग कर दिया; शफ़ीउल्ला, जो अब भी हमारे साथ हैं। सहज-स्वभाव, अपनापे की मूर्ति, फ़ैज़ की सौतेली बहन हमारे साथ रहने के लिए आ गयी, ताकि वह बदले हुए हालात में ज़िन्दगी बसर करने में मेरी मदद कर सके। पहली चोट हमारे बच्चों पर पड़ी। कुइन मेरी कालेज से उनका नाम कटवाकर केन्याज़ मिशन स्कूल में दाख़िल कराना पड़ा। मुझे तो इस बात का अन्दाज़ा बाद में हुआ कि यह फ़ैसला हमारी बच्चियों के लिए कितना लाभकर सिद्ध हुआ। मुनीज़ा अक्सर मुझे बुरा-भला कहती : "जब अब्बा यहाँ थे तो मेरे पास एक आया थी। स्कूल में झूले थे, चकरघिन्नी थी, तरह-तरह के खेल थे...!" अपनी नयी परिस्थिति में उसे फ़र्श पर बैठना पड़ता था। लेकिन प्रार्थना-पद्धति के नये रूपों ने उसमें एक अजीब-सा बौद्धिक मानसिक उत्साह पैदा कर दिया था...मेरी ननद की आपत्तियों के बावुजूद वह रात को सोने से पहले अपने घुटनों पर झुककर, सज्दे के लिए आधी झुकी-सी भाव-मुद्रा में, 'आस्मानी बाप' (परमेश्वर) की स्तुति बिगड़ी हुई और किंचित हास्यास्पद-सी उर्दू में करती। एक रात जब वह अपने स्रष्टा से विनती करने में लीन थी और हम उसे सुलाने के लिए प्रतीक्षा कर रहे थे, उसने कहा—"और आस्मानी बाप...तुम जो हैदराबाद जेल में हो, जल्दी से वापस आ जाओ!" जब हमने अपनी घुटी हुई हँसी पर क़ाबू पा लिया और मुनीज़ा की शेष प्रार्थना सुन ली, तो उसे बिस्तर में लिटा दिया। फिर उसे (अर्द्धनिद्रा की दशा में) यह कहते हुए सुना : "बाजी...बहुत जल्द सब कुछ ठीक हो जायेगा!"

जेल में मुलाक़ात की इजाज़त मुद्दतों की प्रतीक्षा के बाद मिलती है, और हर मुलाक़ात की याद (अगली मुलाक़ात तक) हम सीने में लगाये रहते। अगली मुलाक़ात तक हर पिछली मुलाक़ात की एक-एक निगाह, एक-एक शब्द, अंग-परिचालन की एक-एक गति को हृदय और मस्तिष्क में परम निधि के समान सुरक्षित रखते। ये मुलाक़ातें दो-तीन महीने में एक बार होतीं।...हर मुलाक़ात के

लिए हमें सिन्ध मरुभूमि के विस्तारों को पार करना पड़ता। ये यात्राएँ थका देनेवाली थीं। और फिर उस थकन पर ख़र्चों का बोझ। जेलर हर मुलाक़ात की निगरानी करता। ख़ास तौर पर मेरी मुलाक़ात की निगरानी; क्योंकि मुझे 'सम्भावित' जानकारियों का माध्यम समझा जाता था। हम मुलाक़ात के उन क्षणों को हलकी-फुलकी घटनाओं और मित्रों के सन्देशों से मधुरतर बनाते; ताकि उनका बोझ सुखानुभूति के तले दब जाये।

मुझे अच्छी तरह याद है कि एक मुलाक़ात के मौक़े पर जब मैं एक कहानी सुना रही थी, हमारा जेलर उस कहानी की दिलचस्पियों में यों गुम हो गया कि जब सन्तरी और जेलर की ड्यूटी का वक़्त पूरा हो गया, तो उसने दूसरे जेलर से कहा : "भाई, थोड़ी देर ठहर जाओ। मैं इस कहानी का अंजाम तो सुन लूँ!"

मित्रों ने मुझसे अक्सर पूछा कि भला किसी ग़ैर की मौजूदगी में बातें कैसे होती होंगी! दो दिलों की मुलाक़ात के दरमियान किसी तीसरे की मौजूदगी! हर बात सुनता हुआ आदमी! सच पूछिए तो हमें अक्सर किसी और की मौजूदगी का एहसास ही कब होता था! हाँ, कभी-कभी 'दरमियान का पर्दा' अपनी मौजूदगी से मुलाक़ात को तंग कर देता था, जैसे, शुरू-शुरू में जेलर साहब मेरे और फ़ैज़ के दरमियान बैठने पर इसरार[1] फ़र्माते थे।

फ़ैज़ की गिरफ़्तारी और उनके अवैध एकान्त कारावास (मैं अवैध इसलिए कह रही हूँ कि एक नियत अवधि से अधिक किसी व्यक्ति को एकान्त कारावास की यातना में बाँध रखना अवैध है) के तीन महीने बाद मैं अपनी दोनों बच्चियों के साथ उनसे मिलने लायलपुर जेल गयी। हमें सुपरिन्टेन्डेन्ट के कमरे में पहुँचा दिया गया। उसने मेरा नाम पूछा। मैंने बता दिया। फिर उसने हम तीनों को देखा। मुझे अब यह महसूस होता है कि शायद उस क्षण हम बहुत अकेले, मायूस, चिन्ताकुल और बुझे-बुझे नज़र आ रहे थे, मानो हमारे चेहरे हमारी मानसिक भावस्थिति के आईने बन गये हों। सुपरिन्टेन्डेन्ट ने मुझसे पूछा—"आपकी यही दो बच्चियाँ हैं?" मैंने उसे बताया कि "यही बच्चियाँ हमारी पूँजी हैं—हमारी ज़िन्दगी का हासिलज़रब (गुणनफल)।" उसने झिझकते हुए सवाल किया—"कोई लड़का नहीं है?" मैंने नकार में गर्दन हिलायी।...उसने एक आह भरी...एक लम्बी आह! फिर मेरी तरफ़ देखा और कहा—"कैसे अफ़सोस की बात है! कैसी अफ़सोसनाक बात!..." उसके लहजे से मुझे यह एहसास हुआ जैसे अब किसी बेटे की माँ बनना मेरे मुक़द्दर में नहीं; जैसे...मेरा सुहाग लुट चुका हो!

---

1. आग्रह करते थे।

और जब फ़ैज़ कमरे में दाख़िल हुए तो दोनों बच्चियाँ दौड़ती हुई उनकी गोद में समा गयीं। मुनीज़ा ने जैसे बुड़बुड़ाते हुए कहा—"अब्बू! 'वो' कहते थे कि आपके हाथ और पैर काट डाले जायेंगे!" 'वो' कौन थे, यह मुझे कभी नहीं मालूम हो सका। लेकिन उस क्षण जब हमारी (मेरी और फ़ैज़ की) निगाहें एक-दूसरे से मिलीं तो हमें मालूम हुआ कि बेयक़ीनी (भविष्य के प्रति निराशा) के अनुभव और भय के बीच हम ही अकेले नहीं गुज़र रहे थे।

हैदराबाद तक हमारे सफ़र का मतलब था—अधिक मुलाक़ातें। उन मौक़ों पर हम (स्वर्गीय) सुहरवर्दी के साथ ठहरते, जो मुलज़िम की क़ानूनी पैरवी कर रहे थे। सलीमा और मुनीज़ा सुहरवर्दी साहब से जैसे बेसाख़्ता प्यार करने लगीं, और उनसे निकट आती गयीं। सुहरवर्दी मरहूम बच्चियों के लिए नृत्य-संगीत की धुन पर 'वाल्ट्ज़' करते—गोल घेरे में नृत्य। एक दिन सलीमा ने अपने सर को झटकते हुए कहा—"आज मैं नहीं नाचूँगी।" लेकिन मुनीज़ा फ़ौरन उछल कर खड़ी हो गयी। सुहरवर्दी साहब ने अपना हाथ आगे बढ़ाया, और पुरानी दुनिया के शिष्टाचार की मूर्त नमूना बनकर, जैसे नृत्य की फ़र्माइश करते हुए किंचित् झुके। मुनीज़ा ने एक युवा महिला की तरह झुककर उस प्रार्थना को स्वीकार कर लिया। सुहरवर्दी साहब का चेहरा प्रसन्नता से खिल उठा और वह दोनों कमरे में एक आहिस्ता और मद्धम-से फ्रांसीसी अन्दाज़ के शाहाना नृत्य (minuet) में तन्मय हो गये। बाद में सुहरवर्दी साहब ने गाड़ी में सिन्धु नदी तक चलने का प्रस्ताव पेश किया। और फिर दरिया की मौजों पर कश्ती चलाते हुए उन्होंने हमें एक पंजाबी लोकगीत सुनाया, जो लड़कियों को पहले से याद था। यह सब कुछ कितना आनन्दप्रद था! लेकिन जब हम यह सोचते कि यह कुशाग्रबुद्धि और प्रतिभाशाली व्यक्ति कल सुबह न्याय की प्राप्ति के लिए जेल की चारदीवारी के अन्दर अपना संघर्ष शुरू कर देगा, तो हर बात अर्थहीन और अप्रासंगिक मालूम होने लगती।

'दरबारे-वतन में जब इक दिन...'

यह फ़ैज़ की अत्यधिक प्रिय और लोकप्रिय क़व्वालियों में से है। मुझे हैदराबाद की एक ईद याद है जब अधिकतर बन्दियों के परिवार एक ही स्थान पर इकट्ठा हो गये थे। शोख़ रंगों के रंगारंग और भड़कीले कपड़े पहने हुए इतने बच्चे वहाँ जमा थे जिन्हें देखकर देखनेवाला यह भी भूल जाता कि बिना किसी अपवाद के

उन सबके बाप ऐसे अभियोगों में पकड़े गये थे जिनके आधार पर सरकारी वकील मृत्युदंड तक की माँग कर सकता था।

ईद की उस पार्टी में यह क़व्वाली जिस जोश, चाव और तेज़ धुन में गायी गयी, उसकी कल्पना भी एक मुश्किल काम है।...और जब क़व्वाली ख़त्म हुई तो उस वक़्त तक तमाम बच्चे, बीवियाँ और माएँ—सभी इस क़व्वाली में शरीक हो चुकी थीं। सबके होंठों पर यही बोल थे :

''दरबारे-वतन में जब इक दिन सब जानेवाले जायेंगे''

हम सबने निहायत पुर-तकल्लुफ़ दावत का प्रबन्ध किया। और जब हम 'घर' यानी डाकबँगले वापस पहुँचे तो बच्चियों ने कहा—''ऐसा खाना तो हमने बहुत दिनों से नहीं खाया था! है ना, अम्मी?''

खाने की बात पर मुझे एक दिलचस्प वाक़िआ याद आया। यह उन दिनों का वाक़िआ है जब फ़ैज़ को सज़ा दी जा चुकी थी, और वह अपनी क़ैद की मीआद मांटगुमरी जेल में पूरी कर रहे थे। मुनीज़ा और सलीमा ने अपने अब्बू को ख़त में लिखा—''हम आ रहे हैं। आप दोपहर के खाने के लिए कोई अच्छी चीज़ ज़रूर पकाइयेगा!'' हमें एक साथ दोपहर का खाना खाने की इजाज़त दे दी गयी थी। जब हम लोग मांटगुमरी जेल पहुँचे तो नाइब सुपरिन्टेन्डेन्ट लोधी साहब ने मुनीज़ा से कहा—''तुम्हारे अब्बू ने यक़ीनन तुम्हारे लिए कोई ख़ास चीज़ पकायी होगी।''

''आपको कैसे मालूम हुआ?'' मुनीज़ा ने पूछा।

''मैंने तुम्हारे ख़त में पढ़ा था।'' लोधी साहब ने जवाब दिया।

जेल के अधिकारीगण निश्चय ही चिट्ठी-पत्री की जाँच करते थे। मुनीज़ा उठकर खड़ी हो गयी और बोली—''तो क्या तुम मेरे ख़त पढ़ते हो?''

''हाँ।'' लोधी साहब बोले।

''उफ़! बत्तमीज़ कहीं के!''

मैं नहीं कह सकती कि यह वाक्य सुनकर लोधी साहब पर क्या बीती। लेकिन मुझे यह अच्छी तरह याद है कि उनके चेहरे पर उस वक़्त कैसे भाव छा गये थे। चेहरे का रंग उड़ गया था। बेचारे लोधी साहब!

जब 1959 के शुरू महीनों में मार्शल ला के अन्तर्गत फ़ैज़ फिर जेल के मेहमान बने तो लाहौर जेल से वह लाहौर क़िले में भेज दिये गये। मैंने उनसे मुलाक़ात के लिए प्रार्थना-पत्र दिया। सी.आई.डी. के अधिकारियों ने जानबूझकर झूठ से काम लिया। उन्होंने इस बात से अपनी अनभिज्ञता प्रकट की कि फ़ैज़ लाहौर जेल से क़िले में ले आये गये हैं। चुनांचे (इस जानबूझकर बोले गये झूठ की वजह से) मैं लाहौर जेल गयी और वहाँ पता चला कि फ़ैज़ तो वहाँ से जा

चुके हैं। और जब मैंने मुलाक़ात के लिए दोबारा प्रार्थना-पत्र दिया तो मैं गुस्से के मारे सचमुच उबल पड़ी थी। आख़िरकार मैं अपनी बूढ़ी सास के साथ लाहौर क़िले पहुँची। फ़ैज़ को उनकी कोठरी से बुलाया गया। उन्हें देखते ही मुझे अन्दाज़ा हुआ कि या तो उन्हें शेव करने की इजाज़त नहीं दी गयी या उन्होंने ख़ुद ही दाढ़ी बनाने का कष्ट नहीं उठाया। उनके चेहरे से पता चलता था कि उनके पिछले चौबीस घंटे ख़ुशगवार हर्गिज़ न थे।

मैंने पूछा—"तुमने नाश्ता किया है?"

फ़ैज़ ने मुस्कराते हुए जवाब दिया—"हाँ।"

"क्या?" यह था मेरा दूसरा सवाल।

"ओ...! एक बन्, एक प्याली चाय!" फ़ैज़ ने जवाब दिया।

'बन्'[1] का शब्द सुनते ही मैं जैसे बारूद बन गयी। जैसे किसी ने बन्दूक़ की लबलबी पर हाथ रख दिया हो। मेरे स्वभाव में यह परिवर्तन क्योंकर हुआ? इसका जवाब मुझे भी कभी न मिल सका। लेकिन शायद उस वक़्त 'बन्' एक अर्थपूर्ण चिन्ह बन गया था। एक संकेत--उन तमाम अन्यायों, दुख-दर्द, अपमान, धोखा-फ़रेब और झूठ का, जिनका मैं गत कई महीने से शिकार थी।

मैं क्रोध से उत्तेजित होकर जेलर की तरफ़ पलटी और चीख़ उठी : "तुमने मेरे शौहर को बन् दिया!...सिर्फ़ बन्!" जेलर का मुँह खुला। मगर मैंने उसे एक शब्द भी कहने का मौक़ा न दिया। मैं फिर बरस पड़ी : "तुम क्या जानो! उन्होंने अपनी ज़िन्दगी में कभी बन् नहीं खाया। तुमने बन् ही तो कहा था? बन्! बन्!"

बेचारा ग़रीब आदमी कुछ न बोला। लेकिन अपने आवेशपूर्ण भाषण के बाद मैंने एक अजीब-सी शान्ति अनुभव की। ऐसा सन्तोष जिसे कोई नाम नहीं दिया जा सकता। उस क्रोधावेश से भरे समय के एक घंटे बाद जब मैं घर गयी तो मैंने अंडों, मक्खन, डबल रोटी से एक टोकरी भरी और जेलर के नाम एक पुर्ज़ा लिखकर भेज दिया कि "नाश्ता इस क़िस्म की चीज़ को कहा जाता है।'

बाद में 'बन्' के वाक़िए पर हम दोनों बेतहाशा हँसा करते थे, ऐसी हँसी जो ख़त्म होने को ही न आती थी। क्योंकि, लाहौर के क़िले की-सी काल-कोठरी में क़ैद आदमी के लिए 'बन्' का महत्त्व ही क्या था!...लेकिन शायद उस समय उस 'बन्' का महत्त्व उस लम्बे और थका देनेवाले एकाकीवास और खोखलेपन से जुड़ गया था जो भविष्य के पर्दे में छुपा हुआ था।

---

1. जिसे आम उर्दू उच्चारण में अब 'बन्द' कहते हैं; मस्का-बन्द।

मेरी सास ने मुझे बाद में बताया कि मेरे पुरजोश भाषण को सुनकर वह यह समझी थीं कि फ़ैज़ को शायद क़िले में यातना दी गयी थी जिस पर मैं बिगड़ रही थी।

फ़ैज़ से (विभिन्न जेलों में) मिलने के लिए हमें अक्सर रेलगाड़ी में सफ़र करना पड़ता था। हम लोग तीसरे या दरमियाने दर्जे में सफ़र करते थे। इसलिए बच्चियों को साथ के यात्रियों से बात भी ज़रा ज़ियादा ही करनी पड़ती थी। (ऊँचे क्लासों के मुसाफ़िर–तौबा! कसे रा बा-कसे कारे न बाशद![1]) सलीमा से जब कोई पूछता कि उसके माता-पिता कौन हैं और क्या करते हैं, तो वह झिझक जाती थी। एक ऐसे मौक़े पर मैंने उसे यह कहते सुना (उसका चेहरा सुर्ख़ हो गया था–क्योंकि उसे सफ़ेद झूठ से नफ़रत थी)–"अब्बू हैदराबाद में काम करते हैं!" मुनीज़ा उसकी तरफ़ मुड़ी और गुस्से में उसके हाथ पर हाथ मारती हुई बोली–"चल! झूठी कहीं की! वह जेल में हैं!"

कुछ दिन हुए मुझे एक कापी मिली, जिसमें जेल से फ़ैज़ की वापसी के बाद तक के वाक़िआत हैं। इतने दिनों की ग़ैरहाज़िरी के बाद हमें एक बार फिर फ़ैज़ को अपनी घरेलू ज़िन्दगी का हिस्सा बनाना था–हमारी घरेलू ज़िन्दगी, जो पितृसत्तात्मक व्यवस्था के स्थान पर एक विशुद्ध और सुदृढ़ मातृसत्तात्मक व्यवस्था बन गयी थी! हम इस कापी को 'एकता-योजना' (वन यूनिट प्लैन) कहते थे और हममें से हरेक का नाम पाकिस्तान के किसी भूतपूर्व प्रान्त के नाम पर था। इस 'एकता' में एक भानजा भी शामिल था। हमारा काम और ज़िम्मेदारी यह थी कि पुरानी और नयी आदतों में और घर के नये सदस्यों के साथ आपसी मतभेदों का फ़ैसला करें–घरेलू ज़िन्दगी को बेहतर और सुखद बनाने के लिए।

हम हर सप्ताह एक मीटिंग करते थे। शिकायतें पेश होती थीं, और उनके हल ढूँढे जाते थे।

अब मैं इस कापी पर नज़र डालती हूँ तो ऐसे वाक्य और याददिहानियाँ नज़र आती हैं :

---

1. किसी को किसी से कोई मतलब नहीं।

''मैं कुछ सहेलियों को चाय पर बुलाना चाहती हूँ। क्या इसकी गुंजाइश निकल सकती है?''

''हमें घर पर सालगिरह (वर्षगाँठ) की पार्टी करनी चाहिए।''

''अब्बू को बालरूम डांसिंग सीखने की मश्क़ ज़रूर करनी चाहिए।''

''नसीर को अपनी अल्मारी के ख़ाने ख़ुद साफ़ करने चाहिएँ।''

'अब्बू को एक दिन में तीस से ज़ियादा सिगरेट नहीं फूँकने चाहिएँ। अगर वह नहीं मानेंगे तो मैं यह शिकायत कापी पर पाँच मर्तबा लिखूँगी।''

''घर पर जब कोई दावत हो तो बड़ों के साथ बच्चों को भी बुलाया जाये।''

कभी-कभी 'सीमाप्रान्त' की तरह मुनीज़ा आन्दोलनकर्त्ता बन जाती और शोर मचाती। उसकी ज़िन्दगी में यह नया अनुशासन शान्ति के साथ नहीं आया। फ़ैज़ 'सिन्ध' थे, क्योंकि सलीमा कहती थी–''अब्बू तो सिन्ध से ही तअल्लुक़ रखते हैं।'' और मैं 'बलूचिस्तान' थी, शायद इसलिए कि कभी-कभी मैं दूसरों के लिए असुविधा का कारण बन जाती। हमारे आर्थिक साधन सीमित थे, और माँगें बढ़ती जा रही थीं। और हमें बहुत-सी अच्छी चीज़ों की सीमा बाँधनी पड़ती थी–(आसान उर्दू में 'राशनबन्दी') और यह सीमाबन्दी उस वक़्त तक आवश्यक थी जब तक फ़ैज़ जेल से लौटकर दोबारा काम शुरू न कर देते। लेकिन जल्द ही हमारा लोकतन्त्र सफल हो गया। और कुछ ही अर्से बाद हमारा घर ऐसे ढंग पर चल रहा था जैसे घर का सरपरस्त इस घर से बाहर कभी गया ही न हो।

शामे-ग़ज़ल

[सैयद सज्जाद ज़हीर]

फ़ैज़ का लगभग सारा कलाम उनके चार संग्रहों में है यानी सन् 1970 तक* 'नक़्शे-फ़रियादी', 'दस्ते-सबा', 'ज़िन्दाँनामा' और 'दस्ते-तहे-संग'। यही उनके सृजनात्मक जीवन की मुकम्मल दास्तान है। ख़ुशक़िस्मती से हममें से बहुतों ने उन्हें बार-बार पढ़ा है। यह उनके अपने शब्दों में बयान की हुई दास्तान है : अस्ल, सच्ची, अन्दरूनी, दिलचस्प, और बड़ी ख़ूबसूरत दास्तान। इसके अलावा और इससे बेहतर मैं या कोई दूसरा शख़्स क्या कह सकता है। मैं कभी-कभी सोचता हूँ कि आख़िर लोग किसी कलाकार की बाहरी रोज़मर्रा की ज़िन्दगी, उसकी आदतें और स्वभाव, उसकी समाजी हैसियत, उसकी चाल-ढाल, उसके बात करने या शे'र पढ़ने के अन्दाज़; वह कहाँ पैदा हुआ, उसने कितनी और कहाँ शिक्षा पायी, घोषित रूप से और ख़ुफ़िया कितनी औरतों से उसने मुहब्बत की; उसका राजनीतिक और सामाजिक दृष्टिकोण क्या है...और इसी क़िस्म की बहुत-सी बातें मालूम करने की कोशिश क्यों करते हैं? विश्वास किया जाता है कि हम इन बातों के मालूम हो जाने के बाद उस कलाकार के व्यक्तित्व को समझ लेंगे और यह भी जान लेंगे कि वह कैसा आदमी है। लेकिन दाने और मिट्टी और हवा और पानी और सूरज की रौशनी के बारे में सब कुछ मालूम करने के बाद भी हम फूल, उसके रंग की मोहकता, उसकी पंखड़ियों की नमी और मुलायमत, उसकी उड़ती हुई महक यानी उसकी सारी लताफ़त और उसकी सुन्दरता का अन्दाज़ा कैसे लगा सकते हैं? वह बना तो उन्हीं चीज़ों के मेल से है जिनका ऊपर ज़िक्र किया गया है लेकिन उनसे किसी क़दर भिन्न है।

---

* जब प्रस्तुत निबन्ध लिखा गया था। इसके बाद दो और काव्य-संग्रह प्रकाशित हुए; 'सरे-वादिए-सीना' और 'शामे-शह्रे-याराँ'।—सम्पादक

लोग नैतिकता के क्षेत्र में आम तौर पर एक बात को सख़्त नापसन्द करते हैं, और वह है कथनी और करनी की विपरीतता, यानी, हम कहें कुछ और, दावा करें कुछ और, और अमल करें कुछ और। हमारा देश ऋषियों-मुनियों, औलियाओं-फ़क़ीरों, भक्तों और महात्माओं का देश है। लेकिन हमारे ही देश में 'बगुला भगत' का मुहावरा भी आम है, और हममें से अक्सर ने ख़ुद पिछले तीस-चालीस बरस में यह माजरा देखा है कि हमारे मुल्क में एक ख़ास क़िस्म की टोपी और लिबास, जो कभी देशभक्ति और निष्ठावान जीवन और विनम्रता की अलामत समझे जाते थे, अब आम हिन्दुस्तानियों की नज़र से बिल्कुल उनसे उलट बातों के निशान समझे जाने लगे हैं। मैं समझता हूँ कि हिन्दुस्तान और पाकिस्तान, बल्कि इन मुल्कों के बाहर भी जहाँ फ़ैज़ के बारे में लोगों को जानकारी है, फ़ैज़ की असाधारण लोकप्रियता और लोगों को उनसे गहरी दिली मुहब्बत का एक कारण उनके काव्य की ख़ूबियों के अलावा यह भी है कि लोग फ़ैज़ की ज़िन्दगी और उनके अमल, उनके दावों और उनकी कथनी में टकराव नहीं देखते। गो कि, मेरी राय में, अगर यह टकराव होता भी, तब भी इस वजह से कि कला की दुनिया के विधि-विधान प्रचलित नैतिक विधि-विधानों से अगर भिन्न नहीं तो दूसरे ही स्तर के होते हैं, उनकी काव्यात्मक हैसियत में कोई फ़र्क़ न आता।

मैं मिसाल के तौर पर चन्द वाक़िआत आपको बताना चाहता हूँ। फ़ैज़ 9 मार्च 1951 को लाहौर में अपने मकान से अचानक गिरफ़्तार कर लिये गये। उस वक़्त वह पाकिस्तान के दो सबसे महत्त्वपूर्ण अख़बारों—'पाकिस्तान टाइम्स' और 'इमरोज़'—के सम्पादक थे। उनके साथ पाकिस्तानी फ़ौज के चीफ़ ऑव् द जनरल स्टाफ़, जनरल अकबर ख़ाँ, और कई दूसरे फ़ौजी अफ़सरान भी बड़े ड्रामाई अन्दाज़ में गिरफ़्तार कर लिये गये। सारा पाकिस्तान हिल गया। अख़बारों में रोज़ ये अफ़वाहें छपने लगीं कि इन सब लोगों को फ़ौजी बग़ावत की साज़िश के जुर्म में फ़ौरन गोली मार दी जायेगी। मैं उस वक़्त लाहौर में था और मुझे लोगों ने आकर बताया कि किसी को इसका पता नहीं है कि फ़ैज़ किस जेल में हैं। कई हफ़्ते उनकी बीवी और बच्चों को भी इसका पता न था। न किसी को फ़ैज़ से मिलने की इजाज़त थी। यह भी सुना गया कि फ़ैज़ को शारीरिक यातना पहुँचायी जा रही है (बाद में मालूम हुआ कि यह बात ग़लत थी)। अलबत्ता दूसरी बातें सही थीं; यानी वह बिल्कुल अकेले और तकलीफ़देह हालात में रखे गये थे। कोई किताब (सिवाय क़ुरान-मजीद के), अख़बार, पत्रिकाएँ, या काग़ज़, क़लम-दवात तक, उनको नहीं दिया गया था। न ख़ुद कुछ लिख सकते थे, न किसी का कोई

ख़त वग़ैरा पा सकते थे। सारांश यह कि परिस्थिति भयावह थी। इन्हीं हालात में फ़ैज़ ने वह अपना मशहूर क़ित्'आ[1] कहा—

मता-ए-लौह-ओ-क़लम छिन गयी तो क्या ग़म है
कि ख़ूने-दिल में डुबो ली हैं उँगलियाँ मैंने
ज़ुबाँ पे मुहर लगी है तो क्या; कि रख दी है
हरेक हलक़ए-ज़ंजीर में ज़ुबाँ मैंने

और इस मज़्मून की ग़ज़ल भी कही—

हम परवरिशे-लौह-ओ-क़लम करते रहेंगे
जो दिल पे गुज़रती है रक़म करते रहेंगे

हाँ, तल्ख़िए-ऐय्याम अभी और बढ़ेगी
हाँ, अहले-सितम मश्क़े-सितम करते रहेंगे

मैख़ाना सलामत है, तो हम सुर्ख़िए-मय से
तज़ईने - दरो - बामे - हरम करते रहेंगे

मैंने फ़ैज़ का यह कलाम ख़ुद उनकी ज़बानी हैदराबाद-सिन्ध जेल में सुना; इसलिए कि उनकी गिरफ़्तारी के तक़रीबन तीन महीने बाद मैं भी गिरफ़्तार कर लिया गया था। और रावलपिंडी साज़िश केस के कुल क़ैदी एक स्पेशल ट्रेन में लाहौर से हैदराबाद-सिन्ध पहुँचाये गये। यह स्पेशल ट्रेन और उसका सफ़र भी अजीबो-ग़रीब, और दरअस्ल स्पेशल था। हम तेरह क़ैदी एक ही ट्रेन के अलग-अलग डब्बों में थे। हरेक क़ैदी दो स्टेनगन से लैस सिपाहियों और एक इंस्पेक्टर पुलिस के साथ फ़र्स्ट क्लास के एक डब्बे में हिरासत में था। हम एक-दूसरे से मिल नहीं सकते थे, और न हमको यह पता था कि दूसरे डब्बे में कौन है। लेकिन यह मौक़ा इन बातों के बयान करने का नहीं, और न अब इसका कोई ख़ास महत्त्व है। जेल के अन्दर हमारी मुलाक़ात हुई, और हमने अपनी आप-बीतियाँ सुनाने के बाद फ़ैज़ से पूछा कि शाइरी का क्या हाल है, तब उन्होंने

1. किसी भी एक विषय पर उस सुसम्बद्ध पदयोजनावाली कविता को क़ित्आ कहते हैं जिसमें प्रथम शे'र के दोनों पद ग़ज़ल की तरह सम-तुकान्त नहीं होते। मगर बाक़ी शे'रों में तुकान्त योजना ग़ज़ल की ही तरह होती है।

हमको अपनी ये ताज़ा चीज़ें सुनायीं। काग़ज़-क़लम न होने की वजह से उस वक़्त तक, तीन महीने में, क्या हुआ। कलाम दर-अस्ल लौहे-दिल[1] पर ही लिखा हुआ था। हैदराबाद में जब हमें क़लम और काग़ज़ रखने की इजाज़त मिली, तब यह कलाम बयाज़[2] में क़लमबन्द किया गया।

हैदराबाद सिन्ध के जेलख़ाने में हम तक़रीबन दो साल रहे। एक स्पेशल ट्रिब्यूनल[3] जो जेल के अन्दर ही बैठता था, उसके सामने हमको रोज़ाना पेश होना पड़ता था। और हम सरकारी वकील की बहस और जिरह और सफ़ाई के वकीलों का जवाब, सैकड़ों गवाहों की गवाहियाँ—यह सब सुनते रहते थे। आम तौर पर ये चन्द घंटे निहायत बोरिंग होते थे। दूसरी या आख़िरी पंक्ति के बायें सिरे पर मैं और फ़ैज़ पास-पास बैठे कानाफूसी करते रहते और सामने पड़ी हुई कापी पर कभी कारटून बनाते, कभी गवाहों पर अपने नोट लेते। हम 'दंडसंहिता पाकिस्तान' की अनगिनत धाराओं के तहत मुलज़िम क़रार दिये गये थे; जिनमें सबसे संगीन, फ़ौजी बग़ावत फैलाने का अभियोग था; जिसकी सज़ा मौत थी। हमें उस वक़्त हँसी आती थी जब हमारे ख़िलाफ़ झूठी गवाहियाँ पेश होती थीं। इन मौक़ों पर कभी-कभी हम या हमारे साथी बेसाख़्ता हँस देते थे जो अदालत की तौहीन का पर्याय समझा जाता था। इस पर स्पेशल ट्रिब्यूनल के अध्यक्ष जस्टिस अब्दुर्रहमान, जिनको हाई ब्लड प्रेशर की शिकायत थी, गुस्से से बिल्कुल लाल-पीले हो जाते (वह बहुत गोरे-चिट्टे थे) और ज़ोर-ज़ोर से चिल्लाकर हमको ख़ामोश रहने का आदेश देते, और अगर इस पर भी किसी को और ज़ियादा हँसी आती, तो वह धमकी देते।

अपनी क़िस्मत का फ़ैसला करनेवाले जज को नाराज़ कर लेना और भड़काना कोई दूरदर्शिता नहीं थी। लेकिन आख़िर हम भी मजबूर थे।

उन दिनों हम लोग हर पन्द्रह दिन पर छुट्टी के दिन एक 'तरही मुशाइरा'[4] करते थे; जिसके लिए शे'र कहना हर क़ैदी के लिए लाज़िमी था। दरअस्ल यह फ़ैज़ के ख़िलाफ़ एक षड्यन्त्र था, ताकि उनको शे'र लिखने पर मजबूर किया जाये। इन्हीं हालात में फ़ैज़ ने वह ग़ज़ल लिखी :

तुम आये हो न शबे-इन्तिज़ार गुज़री है
तलाश में है सहर, बार-बार गुज़री है

---

1. हृदय की पाटी। 2. शे'रों के लिखने की कापी, नोटबुक, 3. अदालत, 4. किसी नियत छन्द और तुकयोजना ('तरह') के अनुसार कही गयी ग़ज़लों का मुशाइरा 'तरही मुशाइरा' कहलाता है।

और आप अब भी समझ सकते हैं कि इस मशहूर शे'र को प्रेरित करनेवाले कौन-से हालात थे :

वो बात, सारे फ़साने में जिसका ज़िक्र न था
वो बात उनको बहुत नागवार गुज़री है

उन्हीं दिनों एक दिन हमने अख़बारों में यह ख़बर पढ़ी कि अनारकली में एक ख़ूबसूरत लड़की, जिसके कन्धों पर बालों की घटा छायी थी, हँसती-बोलती गुज़र रही थी। एक मौलाना किसी दुकान पर बैठे थे। उनको यह मंज़र देखकर ख़ुश होने की बजाय सख़्त गुस्सा आया, और इस बेपर्दगी में उन्हें इस्लाम की तौहीन नज़र आयी। चुनांचे वह एक क़ैंची लिये हुए अपनी जगह से कूदे और लपककर उस बेचारी लड़की की ज़ुल्फ़ें काट दीं। ख़ैर, इस अनधिकार हस्तक्षेप पर मौलाना पकड़े गये और उनको सज़ा हुई। मालूम होता है, फ़ैज़ इस घटना से बहुत प्रभावित हुए और उन्होंने अपनी ग़ज़ल में यह शे'र लिखा–

दिलबरी ठहरी ज़बाने-ख़ल्क़ खुलवाने[1] का नाम
अब नहीं लेते परीरू ज़ुल्फ़ लहराने का नाम

ज़ाहिर है, इन हालत में सबसे ज़ियादा रूहानी तकलीफ़ हमें उस वक़्त होती थी जब हम पर ग़द्दारी का, स्वदेश-विरोध का इल्ज़ाम लगाया जाता था। इसकी सफ़ाई हम उस अदालत में क्या पेश करते जो बनायी ही इसलिए गयी थी कि विशेष क़ानून का सहारा लेकर (रावलपिंडी साज़िश के मुक़दमे के लिए एक ख़ास क़ानून बनाया गया था, जिसकी एक धारा यह भी थी कि यह मुक़दमा गुप्त रूप से चलाया जायेगा, और इसकी कार्रवाई के किसी हिस्से को भी प्रकाश में लाना स्वयं जुर्म होगा) तमाम अभियुक्तों को किसी-न-किसी प्रकार दंडित किया जाये। लेकिन फ़ैज़ चुप नहीं बैठे और अपनी अनेक कतिवाओं, ग़ज़लों, स्फुट रचनाओं (क़ित्'ओं) और छिट-पुट अश्'आर में उन्होंने अपनी ऐसी बेमिसाल सफ़ाई पेश की कि उन पर अभियोग लगानेवाले ख़ुद ही मुजरिम नज़र आने लगे। इस क़िस्म की नज़्मों में 'दो इश्क़' और 'निसार मैं तेरी गलियों पे' ख़ास तौर पर इन भावनाओं को व्यक्त करती हैं। 'दो इश्क़' में फ़ैज़ ने नये और अछूते रूपकों का प्रयोग किया है :

तनहाई में क्या-क्या न तुझे याद किया है
क्या-क्या न दिले-ज़ार ने ढूँडी हैं पनाहें
आँखों से लगाया है कभी दस्ते-सबा[2] को
डाली हैं कभी गर्दने-महताब में[3] बाहें

---

1. दुनिया का मुँह खुलवाने, 2. ठंडी हवाओं के हाथ (को), 3. चन्द्रमा की गर्दन में।

तनहाई (एकाकीपन) की भावनाओं का वर्णन करना हर कवि अपना पैदाइशी हक़ समझता है। और आजकल कतिपय कवियों और चिन्तकों ने तो इसको बाक़ायदा दर्शन का रूप दे दिया है; और वे अपने तथाकथित एकाकीपन को इतनी अहमियत देते हैं जितना ज़ोर एक ईश्वर को माननेवाले मुसलमान अल्लाह-त'आला के एकाकी और अद्वितीय होने को देते हैं। लेकिन आप ज़रा फ़ैज़ की इस दर्दनाक लेकिन हसीन तनहाई की कल्पना कीजिए जिसमें 'दस्ते-सबा' की नर्मी और ठंडक प्रेयसी के हाथों की याद दिलाती है, और चाँद की वक्रता को देखकर प्रिया की अनुपस्थिति में, उसके गले में बाँहें डाल देने को जी चाहता है।

मानव-स्वतन्त्रता, मानवीय मूल्यों की गरिमा, प्रेमपूर्ण सहज मानवीय सम्बन्ध, भद्र और पवित्र आचरण, मानवों पर होनेवाले हर प्रकार के ज़ुल्म, शोषण, ज़ोर-ज़बरदस्ती और तानाशाही की समाप्ति का लक्ष्य और इस लक्ष्य और उच्चादर्श की प्राप्ति के लिए ऐसी साधना और संघर्ष—जैसा कायिक, मानसिक, आत्मिक रूप से कोई एकाग्र समर्पित प्रेमी ही करता है। फ़ैज़ के श्रेष्ठ काव्य की विषयवस्तु यही है। उनका लहजा कभी नर्म, मुलायम और धीमा; कभी कठोर तेज़ और द्रुत प्रवाहमय। उनके प्रतीक और व्यंजनाएँ कभी सादा, कभी पेचीदा; बात में कभी सीधा-स्पष्ट और ओजस्वी सम्बोधन; कभी तह-ब-तह हज़ारों पर्दों और नक़ाबों में ढका-छुपा। मसलन देखिए इस 'क़ित'ए' का आहंग (स्वरनाद) कितना ओजस्वी और गूँजता हुआ है :

हमारे दम से है कू-ए-जुनूँ में अब भी ख़जिल
अबा-ए-शैख़-ओ-क़बा-ए-अमीर-ओ-ताजे-शही
हमीं से सुन्नते-मन्सूर-ओ-क़ैस ज़िन्दा है
हमीं से बाक़ी है गुलदामनी-ओ-कजकुलही[1]

और कभी इस बात को आहिस्ता से मुस्कराकर यों कह देते हैं :

इज्ज़े-अहले-सितम की बात करो
इश्क़ के दम-क़दम की बात करो[2]
बामे-सर्वत के ख़ुशनशीनों से
अज़मते-चश्मे-नम की बात करो[3]

---

1. भावार्थ : अपना लम्बा धार्मिक चुग़ा पहने हुए शैख़, शानदार लिबासों में शासकगण, और मुकुटछत्रधारी सम्राट हमारी जुनून की गलियों में हतप्रभ होकर लज्जा से भर जाते हैं। आत्मबलिदानी सन्त मन्सूर और महान प्रेमी मजनूँ (क़ैस) के आमोत्सर्ग का धर्म हमीं से जीवित हैं। इसी प्रकार अपने दामन को फूलदार (यानी बलिदानी रक्त से रंजित) करने और कुलाह टेढ़ी रखने (यानी विद्रोह की आन लेकर जीने) की परम्परा भी हमीं से क़ायम है, 2. चर्चा करो अत्याचारियों की विनम्रता और दीनता की। प्रेम के साहसिक चरण की चर्चा करो। 3. ऐश्वर्य की उत्तुंग अट्टालिकाओं में प्रसन्न आवास करनेवालों के आगे अश्रुपूर्ण आँखों की गौरव-गरिमा का प्रसंग उठाओ।

जान जायेंगे जाननेवाले[1]
'फ़ैज़' फ़रहाद-ओ-जम की बात करो।

फ़ैज़ की सहल और सादा शाइरी की बात आयी तो एक दिलचस्प वाक़िआ और सुन लीजिए। हैदराबाद-सिन्ध के जेल में हम पर पहरा देने के लिए जो वार्ड मुक़र्रर थे उनमें एक साहब थे जिनको सब लोग नवाब साहब कहकर पुकारते थे। ये हज़रत गोरे-चिट्टे और काफ़ी मोटे-ताज़े थे। हर वक़्त पान खाये रहते थे, और सिन्धी और पंजाबी पहरेदारों के दरमियान वैसी ही वर्दी में होने के बावुजूद अपनी साफ़-शुस्ता (प्रांजल) उर्दू और उसके लहजे की वजह से फ़ौरन पहचाने जा सकते थे। दर्याफ़्त करने पर उन्होंने बताया कि वह लखनऊ के हैं, और शीशमहल के नवाबों के ख़ानदान के। वैसे, पाकिस्तान पहुँचकर, यू.पी. और हैदराबाद-दकन से आये हुए शरणार्थियों में से बहुत-से लोग नवाब बन गये हैं। बहरहाल इन साहब को जब मालूम हुआ कि 'फ़ैज़' शाइर हैं और मैं लखनऊ के एक जाने-बूझे शीआ ख़ानदान का हूँ, तो हम दोनों में ख़ास दिलचस्पी लेने लगे। हम भी वार्डों की तलाश में रहते थे, जिनकी हमदर्दी की भावना से लाभ उठाकर हम उनसे छोटे-मोटे ग़ैर-क़ानूनी काम ले सकें (जिसे जेल की परिभाषा में 'तिगड़म' कहते हैं)। ज़ाहिर है नवाब साहब शाइर भी थे। अपनी हलकी-फुलकी ग़ज़लें फ़ैज़ को सुनाते, और फ़ैज़ से कलाम सुनाने की फ़रमाइश करते। लेकिन फ़ैज़ का कलाम सुनकर थोड़ी-सी रस्मी तारीफ़ करके चुप साध लेते। एक दिन उन्होंने चुपके से मुझसे कहा—"हैदराबाद में एक मुशाइरा होनेवाला है। फ़ैज़ साहब ज़रा अच्छी-सी ग़ज़ल लिख दें (यानी वैसी नहीं जैसी फ़ैज़ आम तौर से कहते हैं जो नवाब साहिब को ज़्यादा पसन्द नहीं आती थी) तो बड़ा अच्छा हो, और नवाब साहब उसे मुशाइरे में पढ़ देंगे।" मैंने फ़ैज़ को नवाब साहब का पैग़ाम पहुँचा दिया, और यह भी कह दिया कि इस लखनऊवाले पर तुम्हारे कलाम का कोई रौब नहीं पड़ा है। अगर उसे ख़ुश रखना है तो उसके मतलब की कोई चीज़ कहो। फ़ैज़ बोले—"भई, तुम लखनऊवालों को ख़ुश करना मेरे लिए मुश्किल है। आख़िर मैं सियालकोट का पंजाबी हूँ, लेकिन चलो, कोशिश करते हैं। अलबत्ता नवाब साहब से कह दो कि इसके एवज़ में हमारे लिए एक शराब की बोतल का इन्तिज़ाम करेंगे।"[2]

न गुल खिले हैं; न उनसे मिले, न मय पी है
अजीब रंग में अबके बहार गुज़री है

---

1. समझनेवाले समझ ही जायेगे, फ़ैज़, ज़रा फ़रहाद-जैसे मज़दूर और जमशेद-जैसे बादशाह की चर्चा तो करो। (फ़रहाद का प्रेम आज भी अमर है; और जमशेद की बादशाहत का नामोनिशान तक नहीं।) 2. बोतल के दाम फ़ैज़ ने अदा किये थे।

एक दिन में फ़ैज़ ने नवाब साहब की फ़रमाइश पूरी कर दी और यह ग़ज़ल लिखी–

तेरी सूरत जो दिलनशीं की है[1]
आशना[2] शक्ल हर हसीं की है

इस ग़ज़ल में नवाब साहब की पसन्द के ये दो शे'र थे–

शैख़ से बेहिरास[3] मिलते हैं
हमने तौबा अभी नहीं की है
ज़िक्रे-जन्नत, बयाने-हूर-ओ-क़ुसूर[4]
बात गोया यहीं कहीं की है

नवाब साहब भी वादे के पक्के निकले। एक दिन शाम को चुपके से जिन की एक बोतल जेब में रख लाये, और मेरे हवाले कर दी। गर्मियों के दिन थे। हमने बड़े तकल्लुफ़ से उसे शाम के वक़्त शरबत में मिलाकर पी। लेकिन उस दिन के बाद फिर जेल में पीने से तौबा कर ली। शराब दरअस्ल आज़ादी और ख़ुशदिली के माहौल में पीने की चीज़ है। दिल कहीं भटके और जेलख़ाना, और अनगिनत अभावों के आलम में इसके असर से दिल की ख़राबी और बढ़ जाती है।

इन हिकायतों और लतीफ़ों की तो पूरी किताब लिखी जा सकती है, और आप शायद उन्हें सुनकर बोर भी न हों।...लेकिन मेरी राय में फ़ैज़ की शाइरी से लुत्फ़ उठाने के लिए उसको इन वाक़िआत और परिस्थितियों और प्रेरणास्रोतों से जोड़ने की कोई ख़ास ज़रूरत नहीं है–हालाँकि इन्होंने रचनाप्रक्रिया में सहायता दी है; और यह कि उसका सृजन एक ख़ास सरज़मीन में पैवस्त होने के बावुजूद, उससे अलग, भिन्न, और विशिष्ट है (भले ही इस शे'रो-शाइरी के प्रेरक तत्त्वों के रूप में वे उसका आवश्यक अंश हों)। लेकिन फ़ैज़ की सृजनात्मक प्रतिभा से गुज़रने के बाद उनका महत्त्व आंशिक मात्र और दूसरे दर्जे का होकर रह जाता है; और जो चीज़ हमको मिलती है वह फ़ैज़ की रूह, उसका विशिष्ट व्यक्तित्व, और चिन्तन और कल्पना-नियोजन का आश्चर्यजनक अछूतापन, और कला का अद्वितीय कौशल, हुस्न और लताफ़त, और पाकीज़गी, और पावन मूल्यों की एक अनन्त खोज : जैसे बहार के मौसम में तरह-तरह के फूलों से रौशन किसी बाग़ में मिली-जुली अनजानी महक से भरी मादक हवाओं के हलके झोंकों में होती है। आप उसे महसूस कर सकते हैं, उनको पकड़ना और पहचानना मुश्किल है, इसलिए कि उनकी जैसी और कोई दूसरी चीज़ नहीं, और न ही कला के उत्कृष्ट रूप-जैसी है।

1970

---

1. दिल में बसायी है, 2. परिचित, 3. बेझिझक, 4. क़ुसूर–क़स्र का बहुवचन; अर्थात् महलात।

चिन्तन

'दस्ते-सबा' की भूमिका

एक ज़माना हुआ जब ग़ालिब ने लिखा था कि जो आँख क़तरे में दजला[1] नहीं देख सकती, दीदए-बीना[2] नहीं, बच्चों का खेल है। अगर ग़ालिब हमारे समकालीन होते, तो सम्भव है कोई-न-कोई आलोचक ज़रूर पुकार उठता कि—ग़ालिब ने बच्चों के खेल का अपमान किया है! या यह कि—ग़ालिब साहित्य में प्रोपेगैंडा के हामी मालूम होते हैं! शाइर की आँख को क़तरे में दजला (बूँद में समुद्र) देखने का उपदेश देना साफ़ प्रोपेगैंडा है। उस आँख को तो केवल सौन्दर्य से प्रयोजन है और सौन्दर्य अगर एक बूँद में दिखायी दे जाये तो वह बूँद दजले की हो या गली के गन्दे नाले की, शाइर को उससे क्या सरोकार : यह दजला (नदी-नद या सागर) देखना-दिखाना चिन्तक, दार्शनिक, राजनीति के पंडित का काम होगा, शाइर का काम नहीं है।

अगर उन महानुभवों का कहना सही होता तो कलाविदों की मर्यादा या आबरू रहती या जाती, कलाविदों का काम निश्चय ही सरल हो जाता। लेकिन सौभाग्य या दुर्भाग्य से काव्य-कला (या कोई कला) बच्चों का खेल नहीं है। इसके लिए तो ग़ालिब का दीदए-बीना भी काफ़ी नहीं है। इसलिए काफ़ी नहीं कि कवि या साहित्यकार को क़तरे में दजला (बूँद में समुद्र) देखना ही नहीं, दिखाना भी होता है। इसके अलावा, अगर ग़ालिब के 'दजला' (समुद्र) से जीवन और जगत की प्रकृत व्यवस्था का अर्थ लिया जाये तो साहित्यकार स्वयं भी उसी दजला का एक क़तरा है। उसके मानी यह हैं कि दूसरे अनगिनत क़तरों से मिलकर उस दरिया के रुख़, उसके बहाव, उसके रूप और उसके गन्तव्य के निर्धारण का दायित्व भी साहित्यकार के सर आन पड़ता है।

यों कहिए कि शाइर का काम महज़ पर्यवेक्षण ही नहीं, पराक्रम करना भी उसका कर्त्तव्य है। अपने चारों ओर के बेचैन क़तरों में ज़िन्दगी के दजला का

---

1. दजला—ईराक़ देश की प्रसिद्ध नदी (अर्थात्—'बूँद में समुद्र देखना'), 2. वह आँख जिसमें देखने की शक्ति हो; तत्त्वदर्शी दृष्टि। ग़ालिब का शे'र है : 'क़तरे में दजला दिखायी न दे, और जुज़्व में कुल/खेल बच्चों का हुआ, दीदए-बीना न हुआ'

(उद्विग्न-बूँदों में जीवन-सागर का) पर्यवेक्षण उसकी दृष्टि की शक्ति-क्षमता पर है; उसे दूसरों को दिखाना उसकी कला की रचनात्मक दक्षता पर; उसके बहाव में दख़लअन्दाज़ होना—धारा को प्रभावित करना—उसके शौक़ की दृढ़ता और ख़ून की गर्मी पर।

और ये तीनों काम निरन्तर श्रम और संघर्ष की माँग करते हैं।

जीवन का नियमक्रम किसी हौज़ का ठहरा हुआ, पक्के बाँध से घिरा बँधा हुआ पानी नहीं है, जिसे तमाशाई एक उड़ती-सी निगाह की सीमा में ले ले। सुदूर को ओझल, दुस्तर पहाड़ियों में बर्फ़ पिघलती है, चश्मे उबलते हैं, नदी-नाले पत्थरों को चीरकर, चट्टानों को काटकर आपस में गोद मिलते हैं, और फिर यह पानी कटता-बढ़ता, वादियों, जंगलों और मैदानों में सिमटता और फैलता चला जाता है। जिस दीदए-बीना (देखती आँख) ने मानव-इतिहास में जीवन के भरपूर बहावों के ये नक़्शे, ये मोड़ और मंज़िलें नहीं देखीं, उसने 'दजला' का क्या देखा है! फिर, शाइर की निगाह उन विगत और प्रस्तुत मुक़ामों तक पहुँच भी गयी, लेकिन उनके दृश्यों को दर्शाने में शब्द और शैली ने साथ न दिया, या अगली मंज़िल तक पहुँचने के लिए देह और प्राण पर्याप्त श्रम-संघर्ष के लिए राज़ी न हुए, तो भी शाइर अपनी कला में सफलता की कीर्ति से वंचित रहा।

इस सुविस्तृत रूपक को दैनन्दिन व्यवहार की सरल भाषा को खोलकर व्यक्त करना शायद ज़रूरी नहीं। मुझे कहना सिर्फ़ यह था कि मानव-जीवन के सामूहिक संघर्ष की यथार्थ चेतना और इस संघर्ष में यथाशक्ति भाग लेना जीवन की माँग ही नहीं है, कला की भी माँग है।

कला इसी जीवन का एक अंश और रचनात्मक-कलात्मक संघर्ष का पक्ष है।

यह माँग सदा क़ायम रहती है। इसलिए कला-साधक के संघर्ष का कोई निर्वाण नहीं : उसकी कला एक निरन्तर प्रयास है, और अविरत श्रम-साधना।

इस प्रयास-प्रयत्न में सफलता या असफलता तो अपनी-अपनी शक्ति-सामर्थ्य और जीवट पर है; लेकिन प्रयास में जुटे रहना सम्भव भी है और उचित भी।

(कविताओं) के ये चन्द पृष्ठ भी इसी प्रकार का एक प्रयास हैं। मुमकिन है कि कला महान दायित्वों को पूरा करने के प्रयास के इस प्रदर्शन (प्रस्तुतिकरण) में भी दिखावे, डींग और ख़ुदपसन्दी (आत्मश्लाघा) का कोई पहलू निकलता हो। लेकिन प्रयास, कैसा भी अकिंचन क्यों न हो, जीवन या कला से पलायन और आत्म-संकोच से कहीं अधिक श्रेयस्कर है।

'मुद्दत हुई है यार को मेहमाँ किये हुए'

पाकिस्तान नेशनल सेंटर, इस्लामाबाद ने 'इदारए-यादगारे-ग़ालिब' के साथ मिलकर 20 जुलाई, 1973 को इस्लामाबाद में 'महफ़िले-ग़ालिब' का आयोजन किया था। इस महफ़िल में इदारे के जनरल सेक्रेटरी ने अपनी संस्था और 'ग़ालिब-लायब्रेरी' की सरगर्मियों का हाल सुनाया। फ़ैज़ अहमद फ़ैज़ ने, जो इदारे के संस्थापक और अध्यक्ष होने के अलावा उपर्युक्त 'महफ़िल' के भी सभापति थे, ग़ालिब की मशहूर ग़ज़ल "मेहमाँ किये हुए—बज़्म चराग़ाँ किये हुए" पर भाषण दिया। उस भाषण का टेप 'ग़ालिब लायब्रेरी' के 'फ़ैज़ कक्ष' में सुरक्षित कर लिया गया है।

अगर मुझे पहले से मालूम होता कि आज के इस आयोजन में मेरी और मिर्ज़ा ज़फ़रुलहसन की शिरकत महज़ अपनी ग़रज़ और मतलब के लिए है तो मैं आयोजकों से कहता कि वह कुछ प्रबन्ध करें ताकि यह मालूम न हो कि हम दोनों सिर्फ़ ग़ालिब लायब्रेरी के लिए आपसे किताबें माँगने के लिए यहाँ आये हैं।

ग़ालिब के काव्य, व्यक्तित्व और चिन्तन के बहुत-से पहलुओं पर इस क़दर तफ़सील से और इतना कुछ लिखा जा चुका है कि उस पर इज़ाफ़ा शायद अब मुमकिन न हो।

ग़ज़ल पर आम एतिराज़ यह है कि इसमें भावभूमि की एकता यानी यूनिटी का कोई तत्त्व नहीं पाया जाता। बल्कि यह विभिन्न विचारों और भावनाओं को महज़ छन्द और तुक (रदीफ़ क़ाफ़िये) की रस्सी में टाँकने का नाम है; और उसमें किसी क़िस्म का सिलसिला या रब्त (सम्बन्ध) नहीं होता। मैं समझता हूँ कि इस तरह इसको समझना ठीक नहीं है। दूसरे या तीसरे दर्जे के ग़ज़लिया कलाम के बारे में तो यह बात कही जा सकती है, इसलिए कि उस तरह के शाइर तो महज़ क़ाफ़ियाबन्दी (तुकबन्दी) करते हैं, लेकिन जो अच्छा और संजीदा (गम्भीर, मार्मिक) ग़ज़लिया कलाम है उसके बारे में यह एतिराज़ शायद सही न हो; और ग़ालिब के बारे में यक़ीनन सही नहीं है। ग़ालिब तो क़ाफ़ियाबन्द नहीं थे। चुनांचे वह ख़ुद कहते हैं :

ग़ालिब न बूद शैवए-मन क़ाफ़ियाबन्दी
ज़ुल्मीस्त कि बर-किल्क्-ओ-वरक़ मी कुनम इमशब

वह तो किल्क-ओ-वरक़ (क़लम और काग़ज़) पर यह ज़ुल्म करते थे। ज़ाहिर है कि महज़ विभन्न विषयों को एक जगह पर ला रखना ग़ालिब को अच्छा न लगा होगा। इतना ज़रूर है कि ग़ज़ल में जिस क़िस्म की इकाई पायी जाती है, वह विषयवस्तु या भावनाओं की इकाई नहीं होती बल्कि उस चीज़ की इकाई होती है जिसको आप मूड कह लें या एक कैफ़ियत (भावधारा) कह लें।

अगर आप ग़ालिब के कलाम पर नज़र डालें तो उनके पुख़्ता ज़माने के कलाम में देखेंगे कि हर ग़ज़ल क़रीब-क़रीब एक ही मूड की है, या एक ही कैफ़ियत लिये हुए है। न सिर्फ़ यह, बल्कि उस मूड की भी जो अलग-अलग कैफ़ियतें हैं उनमें भी एक तरतीब पायी जाती है। और उसी की एक मिसाल मैं इस वक़्त पेश करनेवाला हूँ। लेकिन ज़ाहिर है कि इकाई का यह तत्त्व साफ़ खुला और उभरा हुआ नहीं है। बल्कि ग़ज़ल का यह सिलसिला आन्तरिक होता है और जो महज़ महसूस किया जा सकता है। ज़ाहिरी तौर से इसकी दो सूरतें हैं : एक तो छन्द का चुनाव, दूसरे 'ज़मीन' यानी क़ाफ़िया-रदीफ़* (तुक-योजना) का चुनाव। यह बिल्कुल सीधी और साफ़ बात है कि आप कोई बहुत उदास मज़मून किसी चलती हुई धुन में नहीं गा सकते। उसमें वह आहंग (नाद) पैदा न होगा जो उद्दिष्ट है। छन्द का चुनाव अपनी जगह पर यह तय कर देता है कि उस ग़ज़ल का मूड क्या है। या ग़ज़ल की कैफ़ियत (भावधारा) इस चीज़ का फ़ैसला करती है कि उसके लिए कौन-सा छन्द मौज़ूँ है। दूसरे यह कि जो 'ज़मीन' (या क़ाफ़िया-रदीफ़ : तुक-योजना) और ख़ास तौर से 'रदीफ़' चुनी जाती है, उससे भी एक ख़ास लगाव होता है उस भावना या कैफ़ियत का, जिसका आधार पाकर वह ग़ज़ल मन में गूँजी है और लिखी गयी है।

जिस ग़ज़ल का मैं आपसे ज़िक्र करना चाहता हूँ वह सम्भवतः ग़ालिब की सबसे लम्बी और उनकी कल्पनायोजना और तकनीक की सबसे नुमाइन्दा (प्रतिनिधि) ग़ज़ल है। सत्रह शे'रों की यह मशहूर ग़ज़ल आपको ज़रूर याद होगी :

मुद्दत हुई है यार को मेहमाँ किये हुए
जोशे-क़दह से बज़्म चराग़ाँ किये हुए

इस ग़ज़ल में शुरू से आख़िर तक एक बुनियादी मज़मून और एक बुनियादी कैफ़ियत है बल्कि यह बिल्कुल एक राग या म्यूज़िकल कॉम्पोज़ीशन या एक फ़िल्म की तरह है। इसके विभिन्न टुकड़े और सीक्वेंस (क्रम के योजन) हैं, जिनकी अपनी जगह अलग-अलग एक तरतीब भी है और अपनी-अपनी जगह उनका एक अलग वैशिष्ट्य भी है।

---

* तुकों के अन्त्यानुप्रास; मसलन 'मेहमाँ किये हुए', 'चराग़ाँ किये हुए' वाली ग़ज़ल में 'किये हुए' रदीफ़ और 'मेहमाँ', 'चराग़ाँ' आदि क़ाफ़िये।

मैंने इस पूरी ग़ज़ल का इस तरह विभाजन किया है। पहले तो इसका मतला[1] है। इसे आप संगीत की परिभाषा में यों कह लें कि मतले से खरज का सुर क़ायम किया गया है, या इससे भूमिका बाँधी है उस सारी कैफ़ियत की, जो कि बाद में हुई है। या इसको 'बुनियादी विषय' कह लीजिए :

मुद्दत हुई है यार को मेहमाँ किये हुए
जोशे-क़दह से बज़्म चराग़ाँ किये हुए

इस शे'र में सोचने की बात यह है कि...मुद्दत हुई है यार से मिले हुए, या यार से एकान्त में मुलाक़ात किये हुए। नहीं—बल्कि यार को मेहमान किये हुए मुद्दत गुज़र चुकी है। 'मेहमान' का जो लफ़्ज़ इस्तेमाल किया गया है, उसके दो पहलू ग़ौर-तलब हैं। एक तो यह कि किसी अजनबी को या किसी ऐसे शख़्स को मेहमान नहीं रखा जाता जिससे कभी-कभार मुलाक़ात हुई हो। मेहमान तो उसी को रखा जाता है जिससे काफ़ी मेल हो, जिससे एक पुराना राबिता हो; जिससे बेतकल्लुफ़ी का एक रिश्ता हो। चुनांचे ग़ालिब महबूब से एकान्त मिलन या प्रेममिलन के प्रसंग (विसाल) का ज़िक्र नहीं कर रहे हैं। बल्कि, एक तो वह एक शख़्स का ज़िक्र कर रहे हैं जिससे हृदय का पुराना लगाव है; बेतकल्लुफ़ी है; आना-जाना है : और जिससे महज़ मुलाक़ात नहीं बल्कि जिसकी मेहमानी उद्दिष्ट है। मेहमानदारी का अपना एक लुत्फ़ है जो कि मुलाक़ात के लुत्फ़ को दोबाला करता है। दूसरा पहलू जिसकी तरफ़ मैं आपका ध्यान खींचना चाहता हूँ, यह है कि यार या महबूब की यह मेहमानदारी एकान्त में नहीं है, बल्कि 'जोशे-क़दह' (पियालों की मादकता के जोश) से महफ़िल को 'चराग़ाँ' किये हुए है (दिवाली की-सी जगमग पैदा किये हुए है)। बात यह नहीं है कि कोई अकेला मिलने के लिए आया हुआ है; बल्कि, महफ़िल है, बज़्म है, और ग़ालिब जिस चीज़ को याद कर रहे हैं वह विसाले-यार नहीं, बल्कि महफ़िले-याराँ है। उन्हें महबूब के बिछुड़ने का नहीं बल्कि महफ़िल के उजड़ने का दुख है। जिस बात के लिए ग़ालिब उदास हैं और जिसे वह याद कर रहे हैं वह एक ज़ाती मुलाक़ात या किसी से उनके ज़ाती तअल्लुक़ का ज़िक्र नहीं है, बल्कि वह तो एक पूरे जीवन जीने के ढंग और उठने-बैठने, मिलने-जुलने के अन्दाज़ और पूरी जीवन-व्यवस्था का रोना है, जिसको वह इस ग़ज़ल के बाद के शे'रों में बयान करते हैं। यह ग़ालिब की ज़ाती कैफ़ियत नहीं थी—यह उस युग के समाज की सामूहिक भावना थी।

ग़ालिब एक ख़ास जीवन-व्यवस्था और जीने के तौर-तरीक़े से वाक़िफ़ थे। अंग्रेज़ों के आने और मुल्क के गुलामी में चले जाने की वजह से वह पुरानी

1. ग़ज़ल का पहला शे'र। मसलन जो अभी ऊपर दिया गया, 'मुद्दत हुई...'

व्यवस्था, वह पुराने तौर-तरीक़े, वह पुराने आदाबे-महफ़िल रुख़सत हो चुके थे, और उनकी जगह कोई नयी व्यवस्था या जीवन के नये आचार-व्यवहार समाज में नहीं आये थे। चुनांचे उन्नीसवीं सदी में सन् 1857 के हंगामों से पहले और उन हंगामों के बाद का जो ज़माना है, और उस ज़माने के लोगों की जो सामाजिक, बौद्धिक और भावनात्मक कैफ़ियत है, उसे एक तरीक़े से ग़ालिब ने शे'र में बयान किया है—कि, मुद्दत से न वो महफ़िलें रहीं, न वो आदाब (शिष्टाचार) बाक़ी हैं और न वो यार-दोस्त बचे हैं, जिनकी वजह से हमारी ज़िन्दगी में हरियाली थी और उमंग और आनन्द के सामान।

'बज़्म चराग़ाँ किये हुए' वाली भूमिका के बाद 'करता हूँ जम्अ फिर जिगरे-लख़्त-लख़्त को' से पहला सीक्वेंस[1] शुरू होता है। यानी 'मतले' के बाद के सात शे'रों का एक सीक्वेंस, उसके बाद दूसरा सीक्वेंस या टुकड़ा है छह शे'रों का; जो 'फिर शौक़ कर रहा है ख़रीदार की तलब' से शुरू होकर 'इक नौबहारे-नाज़...' वाले शे'र तक गया है। इसके बाद ग़ज़ल के आख़िरी तीन शे'र हैं, जो गोया पूरी ग़ज़ल का समापन प्रस्तुत करते हैं।

अभी मैं अर्ज़ कर चुका हूँ कि महफ़िल के बरहम हो जाने (उखड़ जाने) की वजह से ग़ालिब ग़मगीन हैं, उदास हैं। क्योंकि इन ही से ग़ालिब की ज़िन्दगी में रौनक़ थी। पहला सीक्वेंस 'करता हूँ जम्अ फिर जिगरे-लख़्त-लख़्त को' वाले शे'र से शुरू होकर 'पिन्दार का सनमकदा वीराँ किये हुए' वाले शे'र पर ख़त्म होता है।

करता हूँ जम्अ फिर जिगरे-लख़्त-लख़्त को
अर्सा हुआ है दावते-मिज़गाँ किये हुए

जब वह बिखरी हुई महफ़िल ग़ालिब को याद आती है तो उनका जी चाहता है कि वह कैफ़ियत जो कि महफ़िल के ज़माने में उनके दिलो-दिमाग़ पर छायी हुई थी और वह पुराना मूड और भावना का संसार फिर किसी तरीक़े से दुबारा ज़िन्दा किया जाये, ताकि उसके अपने-आप पर दुबारा छा जाने से शायद वह पुरानी महफ़िल किसी तरह वापस आ जाये।

इस सीक्वेंस के बाक़ी शे'र इसी मज़मून पर हैं, कि वह शौक़, वह हसरत, वह तलब और वह हवस जो पुरानी महफ़िल के अंग और अंश थे उन्हें अपने-आप पर दुबारा एक फ़ज़ा बनकर छाने दिया जाये। चुनांचे :

करता हूँ जम्अ फिर जिगरे-लख़्त-लख़्त को
अर्सा हुआ है दावते-मिज़गाँ किये हुए

---

1. एक के बाद एक परस्पर-सम्बद्ध रूप से आनेवाले पद-समूह; एक समूह, एक क्रमखंड।

अलग-अलग टुकड़ा तो कोई चीज़ महसूस नहीं करता, इसलिए पहले तो जिगर के उन अलग-अलग टुकड़ों को इकट्ठा करें, ताकि उसमें दर्द की कोई टीस उठे और उसकी वजह से आँखें नम हों और जब आँखें नम हों तो फिर वह महफ़िल कम-अज़-कम याद ही में ताज़ा हो जाये। इसके बाद का शे'र :

फिर वज़ए-एहतियात से रुकने लगा है दम
बरसों हुए हैं चाक गिरेबाँ किये हुए

कहते हैं : एक ज़माने से सब्र और एहतियात का दामन हमने पकड़ रखा है। अब यह दामन किसी तरीक़े से छोड़ें, और फिर अपना गिरेबाँ चाक करें, ताकि जुनून, विभोरता और तल्लीनता की जो कैफ़ियत उस महफ़िल में होती थी वह लौट आये। इस शे'र पर ग़ौर फ़रमाइए—

फिर गर्मे-नालाहा-ए-शररबार है नफ़स
मुद्दत हुई है सैरे-चराग़ाँ किये हुए

यानी अपने अधरों से शब्दों की बजाय शोले बरसने लगें, ताकि उन शोलों से उस भावना और शौक़ की कैफ़ियत पैदा हो जो कि उस महफ़िल से जुड़ी हुई थी। यह शे'र भी आपका ध्यान खींचना चाहेगा—

फिर पुरसिशे-जराहते-दिल को चला है इश्क़
सामाने-सदहज़ारे-नमकदाँ किये हुए!

यहाँ ग़ालिब कहते हैं : फिर दिल के ज़ख़्मों पर नमक छिड़कें और उससे इतना दर्द हो कि पुरानी कैफ़ियत पैदा हो जो कि उस महफ़िल से जुड़ी हुई थी। इसी तरह के ये तीन शे'र भी हैं—

फिर भर रहा हूँ ख़ामए-मिज़गाँ ब-ख़ूने-दिल
साज़े-चमनतराज़िए-दामाँ किये हुए
बाहमदिगर हुए हैं दिलो-दीदा फिर रक़ीब
नज़्ज़ारा-ओ-ख़याल का सामाँ किये हुए
दिल फिर तवाफ़े-कू-ए-मलामत को जाये है
पिन्दार का सनमकदा वीराँ किये हुए

आख़िरी शे'र की शब्दावली पर ज़रा ध्यान दें; जिसमें 'कू-ए-मलामत' के 'तवाफ़' (परिक्रमा) और 'पिन्दार' (अहमन्यता, दम्भ) के 'सनमकदे' (मन्दिर, मूर्तिगृह) का ज़िक्र है। 'कू-ए-मलामत' का संकेत है—कू-ए-यार, यार की गली। और उस कू-ए-यार को तो का'बा ठहराया है जिसकी परिक्रमा करने को जी चाहता है, और अपने 'पिन्दार' (दम्भ और अहं) को 'सनमकदा' (मूर्ति-गृह, सनम का घर) माना है। कू-ए-यार, इश्क़े-यार तो हक़ीक़त (यथार्थ सत्ता) है, और

अपने-आप पर जो घमंड है, और अपना जो पिन्दार है वह सनम (मूर्ति) की तरह मिथ्यालोक की वस्तु है। आशिक़ी हक़ीक़त है—सत्यमूल यथार्थ है; और ख़ुदपसन्दी (आत्मशंसा) असत्य। एक का'बा है, दूसरा सनमकदा। शब्दों के प्रयोग में जो अलंकार और व्यंजना है, वह देखने के क़ाबिल है। इस शे'र पर पहला सीक्वेंस ख़त्म होता है। इसके बाद 'सीक्वेंस' इस शे'र से शुरू होता है :

फिर शौक़ कर रहा है ख़रीदार की तलब
अर्ज़े-मता-ए-अक़्लो-दिलो-जाँ किये हुए

अक़्ल, दिल और जान को वार के शौक़ चाहता है कि अब कोई ऐसा ख़रीदार पैदा हो जिस पर वो सब कैफ़ियतें छा जायें जो पहले बयान की गयी हैं। यानी, तलब इस बात की, कि जिगर के टुकड़े-टुकड़े एक जगह हों। तलब इस बात की, कि सब्र को छोड़कर जुनून इख़्तियार कर लें। इस बात की तलब कि शब्दों से शोले भड़कने लगें। इस बात की तलब कि ज़ख़्मे-दिल पर नमक छिड़का जाये। इस बात की तलब कि आँखें ख़ून से भर जायें। इस बात की तलब कि नज़्ज़ारा-ओ-ख़याल में दिल और आँखें एक-दूसरे का मुक़ाबिला करने लगें, और अपनी ज़ात के सनमकदे को वीरान करके (मिथ्या अहं की पूजा को त्यागकर) अपने महबूब के कूचे की परिक्रमा के लिए दुबारा जायें।

इस तलब का नतीजा क्या है? दूसरा सीक्वेंस इस सारे शौक़ और तलब का नतीजा है; इसलिए कि, वही दृश्य जिसको वह महफ़िले-यार का रूपक बनाते हैं, उसी तलब के जवाब में बयान करते हैं। यह सीक्वेंस या मंज़रनामा (दृश्यावली का रूपक) इतना कसा हुआ, अपने सिलसिले में बँधा हुआ है कि अगर आप किसी शे'र की जगह बदल दें, यानी ऊपर का नीचे या नीचे का शे'र ऊपर कर दें तो क्रम टूट जायेगा, मंज़रनामा बिगड़ जायेगा; और सीक्वेंस ग़लत हो जायेगा। न सिर्फ़ ग़ालिब की इस ग़ज़ल में, बल्कि हर सीक्वेंस के शे'रों में एक क्रम और सुसम्बद्धता है। चुनांचे :

दौड़े है फिर हरेक गुल-ओ-लाला पर ख़याल
सद गुल्सिताँ निगाह का सामाँ किये हुए

यह तो पृष्ठभूमि है—बैकग्राउंड। इसमें ग़ालिब बताते हैं : दुनिया एक गुलिस्ताँ है। हर तरफ़ फूल खिले हुए हैं और हर फूल निहायत हसीन और ख़ूबसूरत है। यह पृष्ठभूमि है उस भावभूमि की घटना की, जिसका ज़िक्र वह बाद के शे'रों में करते हैं। उस गुलिस्ताँ में क्या होता है? कहते हैं :

फिर चाहता हूँ नामए-दिलदार खोलना
जाँ नज़्रे-दिलफ़रेबिए-उनवाँ किये हुए

आगे ज़ाती कैफ़ियत शुरू होती है जो कि इस अर्थ में ज़ाती नहीं है कि यही कैफ़ियत बहुत पहले से और आज तक लोगों पर गुज़रती आयी है। इस कैफ़ियत (भावस्थिति) की पहली मंज़िल तो यह है कि महबूब न सामने है और न कहीं आसपास, बल्कि नज़र से दूर और ग़ायब है। इसलिए ग़ालिब 'ख़त' का ज़िक्र करते हैं। 'नामए-दिलदार' आता है। चूंकि नामए-दिलदार में 'उनवान' (शीर्षक) महबूब के हाथ का लिखा हुआ है, इसलिए प्रेयसी के सौन्दर्य और उसके परम आकर्षण की निशानी मात्र एक है, और वह 'नामए-दिलदार' का 'उनवान' और सरनामा है। यह उनवान अपनी जगह पर स्वयं इतना मोहक है कि ग़ालिब का इसी पर जान छिड़कने का जी चाहता है। न महबूब का नैकट्य, न उसका दीदार और न उसका विसाल (मिलन) : सिर्फ़ उसका ख़त आया है! अब दूसरी मंज़िल की तरफ़ चलिए :

माँगे है फिर किसी को लबे-बाम पर हवस
ज़ुल्फ़े-सियाह रुख़ पे परीशाँ किये हुए

महबूब है तो सही, मगर बाम पर है। आस-पास नहीं, दूर बाम पर है। और जब बाम पर है, तो वहाँ से सिर्फ़ उसकी ज़ुल्फ़े-सियाह ही नज़र आ सकती है। बाक़ी नख-शिख पर नज़र नहीं पहुँच सकती। ज़ुल्फ़े-सियाह का सिर्फ़ एक साया-सा नज़र आता है। महबूब के चेहरे की अन्य तफ़सीलें नज़र से ओझल हैं। पहली मंज़िल में दिलदार के ख़त का ज़िक्र और दूसरी मंज़िल में दूर से दीदारे-यार का। अब तीसरी मंज़िल या तीसरा मोड़ यों बयान होता है :

चाहे है फिर किसी को मुक़ाबिल में आरज़ू
सुर्मे से तेज़ दश्नए-मिज़गाँ किये हुए

महबूब अब बाम से उतरकर सामने आ गया है। मुक़ाबिल में है। अगर मुक़ाबिल में है तो जिस तरह बाम पर सबसे नुमायाँ चीज़ ज़ुल्फ़े-सियाह थी, उसी तरह अपने सामने होने पर सबसे नुमायाँ चीज़, ज़ाहिर है, कि 'दश्नए मिज़गाँ' (पलकों की कटार) है। चेहरे के नक़्शे में सबसे आकर्षक और मोहक महबूब की आँखें ही हो सकती हैं। इसके बाद मुलाक़ात का बयान है। यह चौथी मंज़िल है :

इक नौबहारे-नाज़ को ताके है फिर निगाह
चेहरा फ़रोग़े-मै से गुलिस्ताँ किये हुए

ख़त के बाद दीदार। दीदार के बाद हमनशीनी (पास-पास बैठना)। हमनशीनी के बाद हमपियालगी (साथ-साथ मधुपान)। यानी बेतकल्लुफ़ी की यह सूरत है कि अब *चेहरा फ़रोग़े-मय से गुलिस्ताँ किये हुए हैं।*

आमने-सामने होने और मुलाक़ात के बाद महफ़िल का सजना और यारों के साथ हमनशीनी की तरफ़ इशारा है। इस ग़ज़ल का मतला अगर आप फिर एक

बार याद कर लें तो महसूस करेंगे कि *जोशे-क़दह* के बाद अब किसी क़िस्म का सन्देह या धुँधलका बाक़ी नहीं रहता। अगर संगीत की परिभाषा का प्रयोग किया जाये तो कहेंगे कि इस दूसरे सीक्वेंस के सारे शे'र चढ़ते हुए सुर हैं। 'सीक्वेंस' ऊपर की तरफ़ जा रहा है।

अब आख़िरी 'सीक्वेंस' शुरू होता है; जिसके अशआर उतरते हुए सुर हैं। यहाँ पहुँचकर ग़ालिब को यकायक ख़याल आता है कि ये सब बेकार बातें हैं। क्योंकि, न तो महबूब आयेगा, न गिरेबाँ चाक करेंगे और न शौक़ का वह आलम ही हम पर तारी होगा जिसके लिए हम भटकते फिरते हैं। बल्कि ग़ालिब अन्त में हार ही क़ुबूल कर रहे हैं। इस सीक्सवेंस में तीन शे'र हैं :

फिर जी में है कि दर पे किसी के पड़े रहें
सर ज़ेरे-बारे-मिन्नते-दरबाँ किये हुए

न महबूब बाम पर आयेगा, न उसका ख़त आयेगा, न क़ुरबत (नैकट्य) प्राप्त होगी, न महफ़िल सजेगी, न यार-दोस्त जमा होंगे। इसलिए कम-से-कम इतना तो हो कि *सर ज़ेरे-बारे-मिन्नते-दरबाँ किये हुए* हम यार के दर पर पड़े रहें। इस शे'र में कहीं कोई इशारा नहीं है कि दर के अन्दर जाने की कोई ख़्वाहिश है। शौक़ का वलवला, और सारी बेचैनी और बेकारी ख़त्म हो चुकी है। इसलिए अब सिर्फ़ इतनी इजाज़त मिल जाये कि हम उसके दर पर पड़े रहें ताकि महबूब से कुछ-न-कुछ लगाव और तअल्लुक़ क़ायम रहे। अगर यह भी नहीं हो सकता तो :

जी ढूँडता है फिर वही फ़ुर्सत के रात दिन
बैठे रहें तसव्वुरे-जानाँ किये हुए

अगर दरे-जानाँ भी मुयस्सर नहीं हो तो फिर इतना तो हो, और इतनी फ़ुर्सत तो मिले कि हम तसव्वुरे-जानाँ ही किये बैठे रहें (महबूब के कल्पनासुख में ही लीन रहें) उससे लौ लगाये रखें। ग़ौर फ़रमायें कि दर पर पड़े रहनेवाला शे'र बाद में, और तसव्वुरे-जानाँ वाला शे'र पहले लिख दिया जाये या वर्णन किया जाये तो न सिर्फ़ उसके सही सिलसिले में बल्कि सारी कैफ़ियत (भावधारा) और भावभूमि पर घटनेवाली 'वारदात' (वास्तविक अनुभूति) में फ़र्क़ आ जायेगा। और आख़िर में 'ग़ालिब' नतीजा यह निकालते हैं :

'ग़ालिब' हमें न छेड़ कि फिर जोशे-अश्क से
बैठे हैं हम तहैय्यए-तूफ़ाँ किये हुए

ग़ालिब, ये सब फ़ुज़ूल बातें हैं। क्यों ये क़िस्से छेड़ते हो? क्यों महबूब की याद दिलाते हो? क्यों महफ़िल का ज़िक्र करते हो? जाने दो इन तमाम बातों को। अब इसके सिवा कोई चारा नहीं कि हम *तहैय्यए-तूफ़ाँ* कर लें (एक तूफ़ान उठाने

का संकल्प ही कर लें), रोना-धोना कर लें; दिल का बुख़ार हलका कर लें। अब कुछ होना-हुआना नहीं है। इसलिए, ग़ालिब, बेहतर यही है कि इन सारी बातों के आलाप से बचो...ताकि यह तूफ़ान थम जाये, ख़त्म हो जाये।

मैंने बहुत-सी बातें और टीका-टिप्पणियाँ विस्तार के भय से नज़र-अन्दाज़ करते हुए एक संक्षिप्त सा जायज़ा आपके विचारार्थ पेश किया है। मेरी बयान की हुई क्रमबद्धता के दृष्टिकोण से ग़ालिब की किसी भी मशहूर ग़ज़ल को पढ़िए, उसमें आपको इसी क़िस्म का कोई-न-कोई सिलसिला मिलेगा, और वह सिलसिला एक कैफ़ियत (भावधारा) का, या एक कैफ़ियत के विभिन्न अंगों या उसके विभिन्न पक्षों को मिलेगा और एक से अधिक रूपों में मिलेगा। इस दृष्टिकोण से अगर आप कलामे-ग़ालिब का दुबारा अध्ययन और मूल्यांकन करें तो बहुत-से नुकते, जो पहले शायद आपके ज़ेहन में न आये हों, अध्ययन करने के बाद साफ़ और स्पष्ट रूप में नज़र आयेंगे।

[1973]

कविता में अभिव्यक्ति और सम्प्रेषण

यह निबन्ध 'अदबी दुनिया' लाहौर के 1939 के वार्षिक अंक में प्रकाशित करते हुए इस प्रतिष्ठित पत्रिका के सम्पादक और उर्दू के बुज़ुर्ग साहित्यकार मौलाना सलाहुद्दीन अहमद ने लिखा था: "प्रोफ़ेसर फ़ैज़ अहमद ने संक्षिप्त किन्तु सारगर्भित लेख लिखा है : 'शे'र में इज़हार और तर्जुमानी' (कविता में अभिव्यक्ति और सम्प्रेषण) सम्भवतः मौलाना हाली का शे'र है :

ऐ शे'र, दिलनशीं न हो गर तू तो ग़म नहीं
पर तुझपे हैफ़ है जो न हो दिलगुदाज़ तू

काव्यमर्मज्ञों के यहाँ काव्य के मूल्य को आँकने का जो पैमाना मुक़र्रर है यह शे'र उसको संक्षेप में व्यक्त कर देता है। मगर फ़ैज़ साहब ने अपने मूल्यवान निबन्ध में विस्तार से बताया है कि कविता में सम्प्रेषण का क्या स्थान है; अभिव्यक्ति और सम्प्रेषण में क्या अन्तर है; और किसी कविता के मूल्यांकन करने का सही स्टैंडर्ड क्या है। लेख बहुत विचारोत्तेजक है, और हमारे आलोचना-साहित्य में एक मूल्यवान योगदान।"

इस निबन्ध में हमें इस मामले पर ग़ौर करना है कि रचना का साहित्यिक मूल्य सफल अभिव्यक्ति पर निर्भर है या सफल सम्प्रेषण पर। अगर कवि पढ़ने-सुननेवालों का ख़याल किये बिना केवल अपने सन्तोष के लिए किसी भावना को व्यक्त करने की कोशिश करे तो इस प्रक्रिया को अभिव्यक्ति कहेंगे। अगर कवि यही भावना न केवल व्यक्त करे बल्कि उसे दूसरों तक पहुँचाये तो उसे दूसरों तक पहुँचाने की प्रक्रिया को हम सम्प्रेषण नाम देंगे। इस सिलसिले में दो ज़रूरी सवाल उठते हैं। एक यह कि कविता लिखने से कवि का उद्देश्य क्या होता है? अभिव्यक्ति या सम्प्रेषण? दूसरा यह कि इन दोनों में से कविता को जाँचने का अन्तिम मानदंड कौन-सा है? इस मस्अले को लीजिए कि कविता लिखते वक़्त कवि को अपना सन्तोष अभिप्रेत होता है या दूसरों का? वह कविता पढ़ने या सुनने की कल्पना सामने नहीं रखता; वह किसी अनहोनी भावना या गुमनाम उलझन से असर लेकर कविता लिखने बैठता है और उसका तात्कालिक मक़सद यही होता है कि यह भावना एक सुचारु सुन्दर और स्पष्ट रूप में उसके सामने आ जाये, और उस मक़सद का पूरा हो जाना उसके सन्तोष के लिए काफ़ी है। अगर वह दूसरों से प्रशंसा का इच्छुक भी हो तो भी उसे अपना ही सन्तोष उद्दिष्ट होता है। अगर दूसरे भी उसकी भावनाओं को समझें या उनसे प्रभावित हों तो वह उसे आत्माभिव्यक्ति

ही की सफलता समझता है। इसके सुबूत में यह कहा जा सकता है कि कवि को किसी निर्जन टापू में छोड़ दिया जाये जहाँ पढ़ने-सुननेवालों का अस्तित्व न हो तो वह शाइरी की हरकत से फिर भी बाज़ न आयेगा।

शायद इस पर यह आपत्ति की जाये कि कविता की बाज़ क़िस्में ऐसी भी हैं जिनमें सम्बोधन होता ही किसी सुननेवाले से है, और बाज़ कविताएँ लिखी ही इसलिए जाती हैं कि औरों को सुनायी जायें, मसलन 'क़सीदे', क़िस्से-कहानियाँ, नीतिपरक सन्देश, इत्यादि। यह भी पूरे तौर पर सही नहीं। यों भी हो सकता है कि कवि किसी व्यक्ति-विशेष, किसी कथा या किसी नैतिक सिद्धान्त से इतना प्रभावित हो कि केवल अपनी भावात्मक प्रक्रिया को अभिव्यक्ति देने के लिए 'क़सीदा' या कहानी लिख दे और लिखते वक़्त किसी सुननेवाले का ध्यान भी उसे न आये।

शायद कोई साहब यह एतिराज़ करें कि अगर कवि को हमेशा अभिव्यक्ति ही से मतलब होता है और सम्प्रेषण महज़ इत्तिफ़ाक़ी बात है, जिसका काव्य से सीधा-सादा कोई सम्बन्ध है ही नहीं तो अभिव्यक्ति और सम्प्रेषण की बहस को यहीं समाप्त हो जाना चाहिए। अगर सम्प्रेषण कविता का मक़सद कभी होता ही नहीं तो सवाल पैदा ही नहीं होता कि सम्प्रेषण उसका उद्देश्य होना चाहिए या नहीं। इसका जवाब यह है कि अभिव्यक्ति की प्रक्रिया स्वयं में ही एक सम्प्रेषण है। जब कवि किसी अप्रकट अनुभूति को प्रकट रूप में पेश करता है तो चाहे या अनचाहे तौर पर उसका सम्प्रेषण भी कर रहा होता है। चाहे यह सम्प्रेषण उसके अपने व्यक्ति ही तक सीमित रहे और दूसरे लोग उसमें शरीक न हो सकें। अब हम इस सवाल पर बहस कर सकते हैं कि उसके सम्प्रेषण को व्यापक होना चाहिए या नहीं। मान लीजिए कि कोई शख़्स काग़ज़ पर उल्टी-सीधी लकीरें डालकर कहे कि लो यह है ताजमहल। आप उस काग़ज़ को उलट-पलटकर देखें और फ़रमाएँ कि हमें तो यह यूक्लिड के रेखागणित के पन्द्रहवें सिद्धान्त का विद्रूप मालूम होता है, ताजमहल की तो इसमें कोई बात नहीं। लेकिन वह शख़्स इस बात का आग्रही है कि मेरी चेतना में ताजमहल की कल्पना यही है, मैंने अपनी कल्पना की अभिव्यक्ति कर दी, और मैं इसे सफल समझता हूँ। अब यह आपकी बुद्धि में आये न आये, मेरी बला से।

इन हालात में दोनों में से किसकी बात को मान्यता दी जाये और किसका मानदंड सही माना जाये? इसी तरह अगर कवि अपनी कविता में किसी अनुभूति की ख़ुद अपनी दृष्टि में सफल अभिव्यक्ति कर दे, लेकिन हमारे पल्ले ख़ाक न पड़े, तो हम कवि को दोष दें या अपने-आपको? ज़ाहिर है कि कवि रचना को अपने निजी मानदंड से जाँचेगा, और आप अपने मानदंड से। अब यह फ़ैसला कौन करे कि इन दोनों मानदंडों में से अन्तिम और निर्णायक कौन है? आलोचक? लेकिन आलोचक भी तो आख़िर आप ही में से है, और वह जो कुछ कहेगा पढ़नेवाले ही के दृष्टिकोण से कहेगा।

आपको या आपके आलोचक को क्या अधिकार है कि कवि को अपने आदेश की पूर्ति के लिए मजबूर करे, कवि को आत्मसन्तोष हो न हो, आपका मतलब निकल जाये? इसका हम यह जवाब देंगे कि अगर कवि हमें रचना सुनाता है तो उसे हम अपने ही मानदंड से जाँचेंगे। अगर उसे यह मानदंड पसन्द नहीं तो अपनी रचना अपने पास रखे और बड़ी ख़ुशी से पुड़ियाँ बाँधकर उनमें हाज़मे का चूरन बेचा करे, हमें क्या एतिराज़ हो सकता है! लेकिन अगर वह हमारा मग़्ज़ चाटेगा तो हम उससे मुआविज़ा भी वसूल करेंगे। और वह यही है कि रचना की कल्पना और सृजन में जो आनन्द उसने अनुभव किया है उसमें हमें भी शरीक करे; उसने जो कुछ देखा है हमें दिखाये और जो कुछ सुना है हमें सुनाये। हम कह चुके हैं कि आलोचना के सिद्धान्त हमेशा पढ़नेवाले निर्धारित करते हैं, और पढ़नेवालों के निकट कविता की पहली ख़ूबी यह है कि उसका कथ्य उन तक अधिक से अधिक प्रभावी ढंग से पहुँचे। पहली ख़ूबी इसलिए कि जब तक हम रचना को समझेंगे नहीं, उसकी बाक़ी ख़ूबियाँ हमें नज़र ही नहीं आयेंगी। कवि की अनुभूति में कितनी व्यापकता और कितनी गहराई क्यों न हो, अगर हम वाजिबी कोशिश के बावुजूद उस अनुभूति को अपनी बुद्धि या भावना में न ला सकें, तो रचना को येन-केन-प्रकारेण सफल नहीं ठहरायेंगे। हम यही कहेंगे कि अव्वल तो विषयवस्तु में कोई अर्थविस्तार नहीं, और अगर है तो कवि की चेतना के अन्दर ही है। कविता के अन्दर से वह प्रकट नहीं होता। सम्भवतः दुनिया की कोई कविता बिल्कुल ही निरर्थक, अर्थहीन नहीं होती, क्योंकि रचना करते वक़्त कवि की चेतना में कोई-न-कोई भाव तो होता ही है। लेकिन हमें प्रत्येक उस पद को अर्थहीन कहने का अधिकार है जिसमें कोई भाव ही न पैदा हो। इसका मतलब यह नहीं है कि हर वह रचना जो फ़ौरन समझ में आ जाये, अच्छी है और हर वह रचना जो समझ में न आये, बुरी है। अगर रचना फ़ौरन समझ में आ जाये तो यह एक ख़ूबी ज़रूर है, लेकिन बहुत सम्भव है कि रचना में बहुत-सी बुराइयाँ हों जो कि इस ख़ूबी को रद्द कर दें; या रचना की विषयवस्तु इतनी पिटी हुई हो कि उस पर ध्यान देने की ज़रूरत ही न पड़े। इस तरह अगर रचना फ़ौरन समझ में न आये तो इसकी वजह यह हो सकती है कि कवि ने रचना में इतने सारे कल्पनासूत्र इकट्ठा कर दिये हैं कि उनका एकदम ध्यान में आ जाना मुश्किल है। इस दशा में हम रचना पर जितना अधिक ध्यान देंगे उतना ही उससे आनन्द उपलब्ध करेंगे और हमें उसमें हर बार कोई नया सौन्दर्य दृष्टिगत होगा।

इस बहस से यह नतीजा निकला कि रचना की सफलता अभिव्यक्ति पर नहीं सम्प्रेषण पर निर्भर है। हम किसी अभिव्यक्ति को उस वक़्त तक सफल नहीं कह सकते जब तक वह दूसरों के लिए सम्प्रेषण का दायित्व पूरा न करे।

यहाँ एक और दिक़्क़त पेश आती है। कवि की रचना तो बाक़ी रहती है, लेकिन उसका परायण करनेवाले बदलते रहते हैं। बहुत सम्भव है कि कवि की रचना उसके युग के लोग न समझें लेकिन बाद में आनेवाली पीढ़ियाँ उसी की रचनाओं को काव्य का चरम उत्कर्ष समझें। या कोई कवि अपने युग में आसान लेकिन आनेवाले युग में दुर्बोध हो जाय। ग़ालिब ही को लीजिए। ग़ालिब को हम बहुत बड़ा कवि मानते हैं। लेकिन सुना है कि ग़ालिब के युग में उनकी कोई चर्चा न थी, और लोग उन्हें अंडबंड रचना करनेवाला (मुह्मलगो) कहते थे। अगर कवि का उद्देश्य सम्प्रेषण या अपनी विषयवस्तु को दूसरों तक पहुँचाना है तो वो लोग भी सच्चे थे और हम भी सच्चे हैं। और इस तरह सम्प्रेषण का कोई अन्तिम मानदंड तो न रहा। इसका जवाब कई तरीक़ों से दिया जा सकता है। अव्वल तो यह बात ही ग़लत–कि ग़ालिब के ज़माने में उनके क़द्रदान नहीं थे। ग़ालिब को सराहनेवालों की उस ज़माने में भी कोई कमी न थी, और ग़ालिब को कोसनेवाले आज भी मौजूद हैं। ग़ालिब से लोगों का मतभेद उसकी विषयवस्तु के कारण नहीं काव्यगत सैद्धान्तिक दृष्टिकोण के कारण था। आख़िर नासिख़ की भी तो क़द्र हुई, और उस्ताद ज़ौक़ का कलाम भी तो ज़्यादा सहज-सरल नहीं। मामला अस्ल में यह था कि लोग शब्दालंकारों को शाइरी का कमाल समझते थे। लेकिन ग़ालिब इस रास्ते से हटकर विशेष रूप से भावनाओं का चित्रण करना चाहते थे। बाज़ लोगों को यह चीज़ अजूबा-सी मालूम हुई और उसके कलात्मक महत्त्व का अन्दाज़ा न कर सके। दूसरी बात यह कि आजकल भी ग़ालिब की महत्ता उसके सरस-सुबोध शे'रों की वजह से क़ायम है न कि मुश्किल शे'रों की वजह से। अब भी ग़ालिब के बाज़ अशआर हमें उतने ही मुह्मल (अर्थहीन) मालूम होते हैं जितनी कि डॉक्टर टैगोर की तस्वीरें। पढ़नेवाले बदलते रहते हैं, लेकिन ज़िन्दगी के बुनियादी अनुभव और भावनाएँ नहीं बदलतीं। अगर कवि ने उनका सफल सम्प्रेषण किया है तो उन रचनाओं का मूल्य काल और स्थान की सीमा से बद्ध नहीं। अगर ये सारे तर्क रद्द कर दिये जायें तो भी हम यही कहेंगे कि अगर ग़ालिब को उस युग में दाद नहीं मिली तो इस कारण कि लोग उनके अशआर समझ नहीं सके, और हम उसे दाद देते हैं, इस वजह से, कि हम उसके अशआर समझ सकते हैं। मानदंड फिर भी एक ही रहा–यद्यपि उसकी सीमा और परिधि में परिवर्तन आ गया, इसलिए कि एक अच्छे शे'र या अच्छी कविता की सफलता यही है कि उसकी विषयवस्तु पढ़नेवालों तक सहज ही बरजस्तगी से (तत्काल ही) पहुँचे, ताकि वह उसे समझ सकें, उससे प्रभावित हो सकें, और प्रभाव की इस प्रक्रिया को प्रशंसा के रूप में कवि तक पहुँचायें।

साहित्य : संघर्ष और साधना के दो रूप

हर साहित्यकार किसी-न-किसी समाज की एक इकाई होता है। साहित्यकार के अपने समाज से दो रिश्ते हैं। एक सामान्य रिश्ता ब-हैसियत एक व्यक्ति के; एक ख़ास रिश्ता ब-हैसियत साहित्यकार के। ये दो रिश्ते हर साहित्यकार पर दुहरी ज़िम्मेदारी डाल देते हैं। एक सामान्य ज़िम्मेदारी, जो किसी समाज के सभी व्यक्तियों या किसी देश के सभी नागरिकों के लिए एक-सी है; दूसरी एक ख़ास ज़िम्मेदारी, जो साहित्य की अपनी कला या पेशे से बँधी हुई है। ये दोनों रिश्ते और इनसे पैदा होनेवाले फ़र्ज़ एक-दूसरे से अलग-थलग नहीं, एक-दूसरे में गुँथे होते हैं।

चिन्तकों के बाज़ तबक़े इस मान्यता से सहमत नहीं। एक स्कूल का कहना है कि जब कोई समाज अन्याय और अनौचित्य के रास्ते जा रहा हो तो साहित्यकार ही क्या, किसी भी व्यक्ति पर उस समाज के प्रति कोई ज़िम्मेदारी नहीं होती। उस हालत में हर व्यक्ति के लिए जाइज़ बल्कि वाजिब हो जाता है कि वह उस समाज में सुधार या परिवर्तन की कोशिश के बजाय सिरे से उसके अस्तित्व को ही नकार दे और हर सामाजिक संस्था और हर सामाजिक मूल्यमान से दूर रहकर अपने हर कार्य को, उस समाज के विघटन के लिए, अपने निजी प्रतिरोध-प्रदर्शन का रूप दे। अराजकतावादी, अराज्यवादी, हिप्पी, मलंग—इसी 'विचारधारा' के हामी हैं। एक दूसरे तबक़े का दृष्टिकोण यह है कि साहित्यकार का काम केवल साहित्य के सौन्दर्यशास्त्रीय मूल्यों का विकास करना है, समाज-सुधार या समाज-विघटन से उसे सरोकार नहीं। ये असाहित्यिक और असौन्दर्यशास्त्रीय विचार न केवल कलाधर्मिता से कोई सम्बन्ध नहीं रखते बल्कि उनके लिए बाधास्वरूप हैं। ये दोनों दृष्टिकोण आम तौर से सन्तुलनहीन और ह्रासशील समाजों में पनपते हैं; जिनमें कुछ भावुक लोग व्यवस्था के नेताओं और सत्ता का बँटवारा करनेवालों के सामने अपने-आपको नितान्त मजबूर और असहाय पाते हैं, और वस्तुस्थिति के सुधार से मायूस होकर व्यक्तिगत 'विद्रोह' का झंडा उठाने लगते हैं। कुछ लोग इन्हीं कारणों से शासक सत्ता से समझौता

कर लेते हैं, और विरोध में उठाये गये हर प्रकार के सुधारवादी या क्रान्तिकारी प्रयत्न को साहित्यकार की 'मर्यादा' के अनुकूल नहीं समझते। ये दोनों दृष्टिकोण सचेतन या अवचेतन रूप से जीवन और साहित्य की कठिन ज़िम्मेदारियों से पलायन के बहाने ही हैं।

जैसा कि पहले कहा गया, किसी समाज का, एक ज़िम्मेदार व्यक्ति या किसी देश का एक ज़िम्मेदार नागरिक होने के नाते साहित्यकार की स्थिति किसी अन्य सामाजिक या नागरिक से अलग नहीं। अतः समाज के अन्दर सुधार, विकास और परिवर्तन के सन्दर्भ में साहित्यकार की ज़िम्मेदारियाँ बिलकुल वही हैं जो किसी अ-साहित्यकार की, और कोई 'कविसुलभ छूट' (पोएटिक लायसेंस) उसे इन ज़िम्मेदारियों से बरी नहीं कर सकती।

साहित्यकार के रूप में उसकी ज़िम्मेदारी क्या है?

साहित्य की कोई सर्वसम्मत और सांगोपांग रूप से सन्तोषजनक परिभाषा देना तो मुश्किल है, लेकिन संक्षेप में शायद यह कहा जा सके कि साहित्य शब्दों के माध्यम से मानवीय अनुभूति की प्रभावकारी और रुचिर अभिव्यक्ति का नाम है।

अभिव्यक्ति के दो पहलू हैं—एक बयान (वर्णन) : डेस्क्रिप्शन; और दूसरा, मूल्यांकन : इवैल्युएशन। वर्णन उन समस्त मानसिक घटनाओं के चित्रांकन, उनके अनेकांगी रूपांकन का नाम है जो चिन्तन, दृष्टिकोण, अध्ययन और अनुवीक्षण के फलस्वरूप मन-मस्तिष्क में प्रतिबिम्बित होता है। मूल्यांकन उन तत्त्वों के संयोजन को कहते हैं जिनके द्वारा उनके गुण-दोष, सौन्दर्य-असौन्दर्य, महत्त्व-अमहत्त्व का अन्दाज़ा हो सके।

अनुभूति के दो पक्ष हैं। एक, भावना (एहसास); दूसरा, विवेक, यानी अव्वल वे सारे प्रभाव, भावनाएँ और मानसिक स्थितियाँ जो सीधे व्यक्तिगत अनुभव के रूप में व्यक्ति के मस्तिष्क में प्रकट होती हैं। दूसरे, वे बौद्धिक प्रभाव जो मनुष्य अपने परिवेश, समाज और समकालीन इनसानी बिरादरी के सामूहिक अनुभवों से, चेतन या अवचेतन रूप से, ग्रहण करता है। यह सामूहिक अनुभव भावना और कल्पना के माध्यम से व्यक्तिगत अनुभूति में परिणत हो जाता है।

विवेक के दो कार्य हैं : विश्लेषण (अनालिसिस) और संश्लेषण (सिनूथीसिस)। यानी, बाह्य और आन्तरिक घटनाओं और भावस्थितियों के निर्णायक तत्त्वों को—अर्थात् उनके वास्तविक तथ्यों, सम्बन्धों और संचारक नियमों को—स्पष्ट करना।

अनुभव की सच्चाई से, उसके महत्त्व या उसकी महत्त्वहीनता की जाँच से—यथार्थ की गहराई और व्यापकता से—अनुभव की गहराई और विस्तार का सम्बन्ध है।

यथार्थ हमारे जगत के समस्त बाह्य और आभ्यन्तर तथ्यों और उनके पारस्परिक सम्बन्धों का समुच्चय है। इस जगत के दो भाग हैं : एक चेतन मानव समाज, और दूसरा अचेतन और विवेकशून्य—पशु-प्राणी व जड़ जगत जिसे प्रकृति या 'नेचर' कहते हैं। मानव ही इस भौतिक जगत के नाना तत्त्वों को प्रयोग में लाकर अपनी आवश्यकताओं की पूर्ति में यत्नशील होता है। उत्पादन की प्रक्रिया को अधिक सफल और सुचारु बनाने के लिए विभिन्न मानव समाज आपस में सामाजिक सम्बन्ध स्थापित करते हैं; और अपने इन सम्बन्धों के अनुसार ही उत्पादन-प्रक्रिया में श्रम का विभाजन निर्धारित करते हैं। अगर परिस्थितियों के बदलने या किसी और कारण से ये सम्बन्ध और श्रमविभाजन असन्तोषजनक सिद्ध हुए तो सामाजिक सामंजस्य की सुविधा के लिए उनमें परिवर्तन और सुधार आवश्यक हो जाता है।

यथार्थ जगत का जो मानव भाग है, उसकी देश के अनुसार तीन सीमाएँ या घेरे हैं। पहला घेरा—व्यक्ति का अपना आपा। दूसरा—उसका समूह या समाज। तीसरा—उसकी समकालीन मानव बिरादरी। इसी प्रकार, काल के अनुसार तीन घेरे हैं : भूत, वर्तमान और भविष्य। हर घेरा साहित्यकार के मानस में कोई-न-कोई हलचल पैदा करता है, जिसकी लहरें दूसरे घेरों की हलचलों में मिलकर किसी भावावेश या घटना या अनुभूति को जन्म देती हैं। अपनी निजी भावनाएँ व भावदशाएँ, दुख-सुख, आनन्द, राग-विराग, अपनाव-विलगाव; अपने युगीन सामाजिक वातावरण और उसको निर्मित करनेवाले तत्त्व; अम्न और ख़ुशहाली, दूसरी ओर जनता के असमान अधिकार; उदार भावना और दूरदर्शिता और दूसरी ओर दैन्य और दुर्दशा, दासता और भय-आतंक, अज्ञान और संकीर्ण दृष्टि, शोषण और ज़ुल्म; अपने ज़माने की दुनिया की वास्तविकता और उसके बुनियादी पहलू—शान्ति या कि युद्ध और मार-काट; भाईचारा और साथीपन या पूँजीवादी लूट-खसोट—इन सबके सामूहिक एहसास और इनकी जाँच और परख से साहित्यकार का व्यापक अनुभव संचित होता है, और उसकी रचना विभिन्न आयामों में उसका उद्घाटन करती है।

साहित्यिक अभिव्यक्ति के दो उद्देश्य हैं : एक, आत्मतोष; दूसरा, यथार्थ का उद्घाटन।

आत्मतोष में सृजन का उल्लास—मन की भड़ास निकल जाना—'मुझे कहना है कुछ अपनी ज़बाँ में' की माँग—सभी-कुछ शामिल है। ज़ाहिर है कि अभिव्यक्ति के इस पहलू का सम्बन्ध तबीअत के रुझान और व्यक्तिगत अनुभूति और घटनाओं से है। यथार्थ का उद्घाटन अपने समाज और अपने युग के गम्भीर

विश्लेषण और सच्चे चित्रण का नाम है; ताकि उसके द्वारा समाज की उलझनें और उसकी समस्याएँ, उन समस्याओं की ख़ूबियाँ-ख़राबियाँ, और ख़ूबी-ख़राबी के कार्य-कारण सम्बन्ध, अच्छी तरह उजागर हो सकें।

यथार्थ का हर स्पष्टीकरण और विश्लेषण जन-सामान्य के मानस को प्रभावित करता है, और उसे अपने समाज या समकालीन जगत को एक विशिष्ट रूप में देखने के लिए प्रवृत्त करता है। इस प्रवृत्ति से किसी विशिष्ट कार्यशैली की ओर आकर्षण या विकर्षण पैदा होता है। अतः यथार्थ के स्पष्टीकरण और विश्लेषण की हर क्रिया प्रचार या प्रोपेगेंडा है। ऐसी हर क्रिया जन-सामान्य की बौद्धिक चेतना में कोई बदलाव लाती है, और ऐसा हर बदलाव निश्चय ही एक सुधार या विघटन की क्रिया है। इस बिन्दु पर साहित्य और राजनीति एक हो जाते हैं।

राजनीति की दो परिधियाँ या घेरे हैं। एक राजनीति का व्यापक घेरा है जो समाज के समस्त बाह्यान्तर को आबद्ध किय हुए है। इस दृष्टि से हर वह सरगर्मी, धार्मिक, नैतिक, साहित्यिक, सांस्कृतिक, क़ानूनी, आर्थिक-सामाजिक इत्यादि-इत्यादि जिससे सामान्य जन-जीवन प्रभावित होता है, व्यावहारिक राजनीति का ही अंग है। दूसरा राजनीति का सीमित घेरा है; जिसका सम्बन्ध समाज के संवैधानिक, क़ानूनी और व्यवस्थातन्त्र से है। आम तौर से 'राजनीति' शब्द का प्रयोग इसी सीमित पारिभाषिक अर्थ में किया जाता है।

राजनीतिक कार्यकलाप के दो रूप हैं। एक व्यावहारिक; एक सैद्धान्तिक। सिद्धान्तपरक विश्वास, साहित्य, संस्कृति, मूल्य, नीति, आचार, इन सबका परोक्ष सम्बन्ध राजनीति के सैद्धान्तिक पक्ष से है। समाज की बौद्धिक चेतना को संस्कार देना, समाज की युगीन समस्याओं का एहसास, उनकी विवेकपूर्ण समझ, उनके विषय में युक्तियुक्त दृष्टिकोण और कार्यनीति का निर्धारण इसी सैद्धान्तिक अभिव्यक्ति और प्रचार के माध्यम से सम्भव होता है। हर साहित्यिक अभिव्यक्ति—उसका शैलीरूप और विषयवस्तु कुछ भी हो—सैद्धान्तिक प्रचार ही का अमल है। युगीन समस्याओं के एहसास और उनकी विवेकपूर्ण समझ पर ज़ोर देना प्रचार का एक पक्ष है; इन समस्याओं से चश्मपोशी और पलायन प्रचार का दूसरा पक्ष। अच्छा साहित्य सफल प्रचार का प्रमाण है, और घटिया साहित्य असफल प्रचार का।

व्यावहारिक राजनीति में सैद्धान्तिक प्रचार और निष्ठाएँ सामूहिक कार्यों का रूप धारण करती हैं। जैसा कि ऊपर कहा गया कि हर साहित्यकार सामाजिक सुधार या विघटन, यथार्थ की विवेकपूर्ण समझ या उसकी उपेक्षा, युगीन समस्याओं

से सरोकार या उनसे पलायन का ही प्रचार करता है। यह प्रचार अपने-आपमें संघर्ष और साधना का अमल है। इस संघर्ष और साधना के दो रूप हैं :

एक लेखनी का संघर्ष, यानी सिद्धान्त का संघर्ष।

एक कर्मभूमि का संघर्ष।

लेखनी के संघर्ष की प्रभावकारिता यानी उसकी सफलता का आधार, अभिव्यक्ति की सक्षमता के अलावा, अनुभूति की ईमानदारी और सच्चाई है। अनुभूति कर्म के रूप में भी होती है और कल्पना के रूप में भी। कर्म-अनुभूति (अमली तजरुबा) काल्पनिक अनुभूति से अधिक बुनियादी घटना है। कल्पना का अमल किसी ऐसी ही अनुभूति को चेतना में लाने का नाम है। और यह अमल यथार्थ से नितान्त असम्बद्ध होने की दशा में सफल नहीं हो सकता।

युगीन समस्याओं के बारे में कर्म-अनुभूति (अमली तजरुबा) अमली संघर्ष के माध्यम से ही प्राप्त हो सकती है।

लेखनी के संघर्ष और कर्म के संघर्ष का योग होने पर अनुभव और अभिव्यक्ति दोनों अपनी पूर्णता की मंज़िल तक पहुँचते हैं, और सही साहित्य का यही उद्देश्य है। एहसास और विवेक, ज्ञान और कर्म, अनुवीकरण और उद्देश्यपूर्ण—यही विशेषताएँ साहित्य के स्थायित्व और साहित्यकार की महानता को मापने का मानदंड हैं।

[1970]

विश्वशान्ति का संघर्ष

सन् 1962 में फ़ैज़ को लेनिन शान्ति पुरस्कार से सम्मानित किया गया था। उसी अवसर पर मास्को में आयोजित अन्तर्राष्ट्रीय लेनिन शान्ति समारोह में दिया गया भाषण यहाँ प्रस्तुत है।

अध्यक्ष-मंडल के माननीय सदस्यो, महिलाओ और सज्जनो,

शब्दों का सुचारु युक्तियुक्त प्रयोग करना कवियों-साहित्यकारों का पेशा है, लेकिन जीवन में कभी-कभी ऐसे भी क्षण आते हैं जब उनकी वाक्क्षमता जवाब दे जाती है। आज की मेरी असमर्थता के कारण ऐसी ही कठिनाई मेरे सामने दरपेश है। मुझे शब्द नहीं सूझ रहे हैं जिनके ज़रिये अपने सम्मान-आयोजन के लिए लेनिन पुरस्कार कमेटी, सोवियत संघ की विभिन्न संस्थाओं और मित्रों और आप सब महिलाओं और सज्जनों का आभार मैं यथायोग्य रीति से व्यक्त कर सकूँ। लेनिन शान्ति पुरस्कार की महत्ता तो एक इसी बात से प्रकट है कि इसके साथ लेनिन का आदरणीय नाम और शान्ति शब्द की पवित्र संज्ञा जुड़ी हुई है; लेनिन का, जो आधुनिक युग में इनसानी भाई-चारे का सबसे बड़ा अलमबरदार है, और शान्ति का, जो मानव-जीवन और उस जीवन के सौन्दर्य और ख़ूबी की पहल शर्त है। मुझे अपने लेखन और अमली जीवन में ऐसा कोई काम नज़र नहीं आता जो इस महान गौरव के शायाने-शान हो। लेकिन यह गौरव मुझे देने का एक कारण ज़रूर ध्यान में आता है, और वह यह है कि जिस आकांक्षा और आदर्श के साथ मुझे और मेरे साथियों को हार्दिक लगाव रहा है, यानी शान्ति और स्वतन्त्रता की आकांक्षा, वह अपनी जगह पर स्वयं इतनी महान है कि इस सम्बन्ध में उनके तुच्छ और अदना कार्यकर्ता भी इज़्ज़त और सम्मान-सत्कार के अधिकारी ठहरते हैं।

यों तो अपनी सहज बुद्धि से ही (सिड़ी-सौदाइयों और जराइमपेशा लोगों के अलावा) यह सभी स्वीकार करते हैं कि शान्ति और स्वतन्त्रता बहुत हसीन, दिव्य चीज़ें हैं, और यह सभी कल्पना कर सकते हैं कि शान्ति ही गेहूँ के खेत हैं और

सफ़ेदे के वृक्ष; दुल्हन का आँचल हैं और बच्चों के हँसते हुए हाथ; कवि की लेखनी और चित्रकार की तूलिका। और स्वतन्त्रता उन सब अच्छे गुणों की सुरक्षा का आधार, और दासता उन सब ख़ूबियों की हत्यारिन है जो इनसान और हैवान के अन्तर को प्रकट करती हैं : यानी, विवेक और बुद्धि, न्याय और सत्य, आत्मसम्मान और साहसिकता, नेकी और रवादारी। इसलिए, ब-ज़ाहिर शान्ति और स्वतन्त्रता की प्राप्ति और पूर्ण उपलब्धि के बारे में होशमन्द इनसानों में मतभेद की गुंजाइश न होनी चाहिए। लेकिन बदक़िस्मती से यों नहीं है। इसलिए नहीं है कि मानवता के आरम्भ से अब तक हर शासनकाल, हर दौर में परस्पर-विरोधी सत्ताएँ और शक्तियाँ काम करती रही हैं। ये शक्तियाँ हैं विनाश-विघटन और निर्माण, प्रगति और ह्रास, प्रकाश और अन्धकार, न्यायप्रियता और अन्याय की शक्तियाँ।

यही सूरत आज भी है, और इसी तरह की कशमकश आज भी जारी है। लेकिन साथ-ही-साथ आज के इनसान की समस्याओं और विगत युग की इनसानी उलझनों में कई रूपों में अन्तर भी है। आज के युग में युद्ध का अर्थ दो क़बीलों का आपस में होनेवाला ख़ून-ख़राबा नहीं है। न आजकल शान्ति से तात्पर्य उस ख़ून-ख़राबे का अन्त है। आजकल युद्ध और शान्ति के अर्थ हैं—मानव-समाज का शान्तिपूर्ण जीवन या उसकी समाप्ति, मृत्यु। जीवन और मृत्यु—इन दो शब्दों पर मानव-इतिहास की समाप्ति या उसके जीवित रहने पर दारोमदार है। इन्हीं पर इनसानों की इस धरती की आबादी और बरबादी निर्भर करती है। दूसरा अन्तर यह है कि अब से पूर्व इनसानों को प्रकृति के ख़ज़ानों पर इतना क़ाबू और पैदावार के भंडारों पर इतना अधिकार न था कि हर गिरोह और बिरादरी की ज़रूरतें अच्छी तरह पूरी हो सकतीं; इसलिए आपस में छीन-झपट और लूट-मार का कुछ-न-कुछ कारण भी मौजूद है। लेकिन अब यह स्थिति नहीं है। अब मानव-बुद्धि का विकास विज्ञान और औद्योगिक उन्नति के कारण उस मंज़िल पर पहुँच चुका है कि जिसमें सब तन बहुत अच्छी तरह पल सकते हैं, और सभी झोलियाँ भर सकती हैं, बशर्ते प्रकृति के अनमोल ख़ज़ाने, पैदावार के ये अकूत भंडार कुछ थोड़े-से इजारेदारों और विशिष्ट वर्गों की भोग-लिप्सा की पूर्ति के लिए नहीं, बल्कि सभी इनसानों की भलाई के लिए काम में लाये जायें, और आधुनिक बौद्धिकता और साइंस और उद्योग, सारे अन्वेषण और अर्जित शक्तियाँ विनाश की बजाय निर्माणकारी योजनाओं में लगायी जायें। लेकिन यह जभी मुमकिन है कि मानव-समाज में इन उद्देश्यों के लिए अनुकूल वातावरण पैदा हो, और मानव-समाज के ढाँचे की नीवें हवस, शोषण और इजारेदारी की बजाय न्याय, बराबरी, स्वतन्त्रता और सामूहिक ख़ुशहाली में उठायी जायें।

अब यह केवल बौद्धिक उपज और कल्पना की बात नहीं, अमली काम है। इस अमल में शान्ति के संघर्ष और स्वतन्त्रता के संघर्ष की सीमाएँ आपस में मिल जाती हैं; इसलिए कि शान्ति के मित्र और शत्रु और स्वतन्त्रता के मित्र और शत्रु एक ही ढंग के लोग और एक ही श्रेणी की शक्तियाँ हैं। एक ओर वह साम्राज्यवादी शक्तियाँ हैं, जिनके हित, जिनके इजारे अत्याचार और ईर्ष्या के बिना क़ायम नहीं रह सकते; और जिन्हें इन इजारों की सुरक्षा के लिए पूरी मानवता की बलि चढ़ाना भी स्वीकार है। दूसरी ओर वह शक्तियाँ हैं जिन्हें बैंकों और कम्पनियों की अपेक्षा इनसानों की जान अधिक प्यारी है; जिन्हें दूसरों पर हुक्म चलाने की बजाय आपस में हाथ बटाने और साथ मिलकर काम करने में अधिक आनन्द आता है। राजनीति, आचारनीति, साहित्य और कला, दैनिक सामान्य जीवन—तात्पर्य यह कि कई मोर्चों पर कई रूपों में निर्माण और नाश, मानव-प्रेम और मानव-शत्रुता की यह चपक़लिश जारी है। स्वतन्त्रताप्रेमी लोगों के लिए इनमें से हर मोर्चे और हर स्थिति पर ध्यान देना ज़रूरी है। उदाहरण के लिए साम्राज्यवादी और ग़ैर-साम्राज्यवादी शक्तियों की अनिवार्य कशमकश के अलावा दुर्भाग्य से अनेक ऐसे देशों में भी, जिन्हें हाल ही में स्वतन्त्रता मिली है, गहरे आपसी मतभेद मौजूद हैं। ऐसे मतभेद हमारे देश पाकिस्तान और हमारे सबसे निकट पड़ौसी हिन्दुस्तान में मौजूद हैं; कुछेक अरब पड़ौसी देशों में मौजूद हैं; और कुछ अफ़्रीक़ी हुकूमतों में मौजूद हैं। ज़ाहिर है कि इन मतभेदों से वही शक्तियाँ लाभ उठा सकती हैं जो विश्वशान्ति और इनसानी बिरादरी की मैत्री और समानता के व्यवहार को पसन्द नहीं करती। इसलिए, शान्तिप्रिय और शान्ति-आकांक्षी दलों में इन मतभेदों के न्यायिक निराकरण पर आपसी विचार-मन्त्रणा और इस विचार-मन्त्रणा में सहायक होना भी आवश्यक है। अब से कुछ दिन पहले जब अन्तरिक्ष में सोवियत की नयी विजय की हर तरफ़ दुनिया में गूँज थी, मुझे बार-बार यह ख़याल आता रहा कि आजकल जब हम सितारों की दुनिया में बैठकर अपनी ही दुनिया का नज़्ज़ारा कर सकते हैं, तो छोटी-छोटी कमीनूगियाँ, ख़ुदग़र्ज़ियाँ, ये ज़मीन के चन्द टुकड़ों को बाँटने की कोशिशें, और इनसानों की चन्द टोलियों पर अपना सिक्का चलाने की ख़्वाहिश कैसी ओछी बातें हैं। अब जबकि अखिल विश्व के विकास-पथ हमारे लिए खुल गये हैं, सारी दुनिया के ख़ज़ाने मनुष्य के वश में हो सकते हैं, तो क्या मनुष्यों में बुद्धिमान, न्यायप्रिय और दयानतदार लोग इतनी संख्या में मौजूद नहीं हैं जो सबको मनवा सकें कि ये जंगी झंडे समेट लो, ये बम और राकेट, तोपें, बन्दूक़ें समन्दर में डुबा दो और एक-दूसरे पर क़ब्ज़ा जमाने की बजाय सब मिलकर अखिल प्रकृति की शक्तियों को विजय

करने चलो, जहाँ जगह की कोई तंगी नहीं है, जहाँ किसी को किसी से उलझने की ज़रूरत नहीं है, जहाँ असीम अन्तरिक्ष हैं, और अनगिनत दुनियाएँ! मुझे विश्वास है कि सब रुकावटों और मुश्किलों के बावुजूद हम लोग अपनी इनसानी बिरादरी से यह बात मनवा कर रहेंगे। मुझे विश्वास है कि मानवता, जिसने अपने शत्रुओं से आज तक कभी हार नहीं मानी, अब भी विजयी होकर रहेगी, और आख़िरकार युद्ध और घृणा और अत्याचार और वैमनस्य की बजाय हमारे आपसी जीवन का आधार वही ठहरेगा जिसका सदुपदेश बहुत पहले फ़ारसी कवि हाफ़िज़ दे चुका था :

ख़ललपिज़ीर बुवद हर बिना कि मी बीनी
मगर बिनाए-मुहब्बत कि ख़ाली अज़ ख़ललस्त[1]

---

1. खोट मिली हुई दुनिया की हर उस 'बिना' या बुनियाद में जो तू देखता है : सिवाय प्रेम की बुनियाद के, कि जिसमें कोई खोट-ख़राबी नहीं!

कुछ चुने हुए पत्र

पत्नी के नाम

1

7 जून, 1951

...

तुम्हें पहले नहीं लिख सका जिसका अफ़्सोस है लेकिन यहाँ हर काम बहुत धीरे-धीरे होता है और ख़त लिखने के लिए काग़ज़ आज ही हाथ आया है। मैं और दूसरे साथी चार तारीख़ की सुबह को स्पेशल ट्रेन से यहाँ पहुँचे। हमने जिस ठाठ से सफ़र किया देखने की चीज़ थी। सिर्फ़ बैंड-बाजे की कसर रह गयी, वर्ना जिलौ में (सवारी के जुलूस में) और तो सब कुछ था। गाड़ी पर सवार होते ही यों महसूस हुआ कि सब परेशानियाँ दूर हो गयी हैं। सफ़र का लुत्फ़, दुनिया को दुबारा देखने की लज़्ज़त, पुरतकल्लुफ़ खाना, बहुत-सी नेमतें यकबार ही हाथ आ गयीं। उस दूर-दराज़ दिन के बाद जब मुझे अचानक घर से ले गये थे, पहली बार मज़े का खाना इस सफ़र की दोपहर में नसीब हुआ। भुना हुआ मुर्ग़ा, पुलाव, फ्रूट कॉकटेल और आइसक्रीम (अफ़्सोस कि भूख नहीं लग रही थी) और उस पर इज़ाफ़ा दुनिया की सबसे अज़ीज़ यानी इनसानों की सोहबत, जिससे इतने दिन महरूम (वंचित) रहे। इन सब बातों की वजह से दिल दुबारा पुरसुकून (शान्त) है। अब तुम्हें बताने में कुछ हरज नहीं कि ये तीन-चार दिन जो लाहौर में गुज़रे, ऐय्यामे-असीरी (जेल के दिनों) के सबसे अज़ीयतनाक (कष्टकर) दिन थे। जब मुझे पहली दफ़ा एहसास हुआ कि अपने चाहनेवालों को किसी ऐसी चीज़ की ख़ातिर दुख और अज़ीयत (यातना) पहुँचाना, जो ख़ुद को बहुत अज़ीज़ हो लेकिन उनके लिए कुछ मानी न रखती हो, ग़लत और नाजाइज़ बात है। इस नज़र से देखो तो आइडियलिज़्म या उसूलपरस्ती (आदर्शवाद) भी ख़ुदग़रज़ी की एक सूरत बन जाती है। इसलिए कि हम, अपने किसी उसूल की धुन में आप यह भूल जाते हैं कि दूसरों को क्या चीज़ अज़ीज़ है, और इस तरह अपनी ख़ुशनूदी (ख़ुशी) की ख़ातिर दूसरों का दिल दुखाते हैं। इस ज़माने में दिलो-दिमाग़ पर और भी कई

बातों का इन्किशाफ़ हुआ है (बातें खुली हैं)—अपने बारे में भी, दूसरों के बारे में भी ऐसी बहुत-सी कमज़ोरियाँ नज़र आयीं जिनका वुजूद (होना) पहले गुमान में न था। दूसरों में कमीनगी और आलीहौसलगी (क्षुद्रता और विशिष्ट साहस) के ऐसे पहलू जो पहले मालूम न थे। इस सारे तजरुबे के लिए दिल एहसानमन्द है। ख़याल है कि जब यहाँ से निकलेंगे तो ग़ालिबन (सम्भवतः) अपनी शख़्सियत पहले से ज़ियादा मुकम्मल और मुनज़्ज़म (सन्तुलित) होगी। मैंने यह भी अच्छी तरह महसूस कर लिया है कि आदमी के लिए मुनासिब यही है कि जो कुछ वह है उस पर क़नाअत (सन्तोष) करे, और जो कुछ वह नहीं है वह कुछ बनने की कोशिश में वक़्त और मेहनत ज़ाया न करे। इस तरह की कोशिश से हिमाक़त और ख़ुदफ़रेबी (आत्मवंचना) के अलावा कुछ हासिल नहीं।

हाँ तो जैसा मैं कह रहा था, जब से मैं यहाँ पहुँचा हूँ, ख़ौफ़ो-ख़तर का क़तई कोई एहसास दिल में बाक़ी नहीं रहा। अगर्चे यह एहसास पहले भी कुछ ऐसा ज़ियादा न था : वह इस वजह से कि न सिर्फ़ मुझसे कोई ऐसी हरकत सरज़द नहीं हुई है (ऐसा काम नहीं किया है) जिसे अख़लाक़ी तौर से (नैतिक दृष्टि से) गुनाह कह सकें, बल्कि कोई ऐसा इर्तकाब भी (गर्हित कार्य भी) नहीं किया जिसे रस्मी या क़ानूनी तौर से जुर्म ठहराया जा सके। अब तो यों हैं कि अगर कोई याद न दिलाये तो ख़याल भी नहीं आता कि हम जेलख़ाने में हैं। यों लगता है कि हम अपनी मर्ज़ी से यहाँ हैं और अगर यहाँ से बाहर जाने को जी चाहे तो कोई हमें रोक भी नहीं सकता। जेल में हमारा घर अच्छा-ख़ासा है। खाने-पीने को काफ़ी मिलता है। गर्मी कुछ ऐसी ज़ियादा नहीं। असीरी (क़ैद) के सबसे बुरे दिन कट चुके हैं। इसलिए कि अब और कुछ भी हो, न क़ैदे-तनहाई का सामना बाक़ी है न पुलिस की तकलीफ़देह पूछ-गछ का डर है, और अपनी जान और नामूस (प्रतिष्ठा) दोनों सलामत हैं। अब तुम्हारी और बच्चों की तस्वीरें सामने रखके मैं ख़ुशी से मुस्करा सकता हूँ : तुम्हारी याद से पहले की तरह दिल नहीं दुखता, और यह यक़ीन पहले से भी ज़ियादा मुहकम् (पक्का) हो चला है कि ज़िन्दगी ख़्वाह कुछ भी दिखाये, बिल्आख़िर बहुत ख़ूब शै भी है और बहुत हसीन भी।

2

आज तुम्हारा ख़त मिला, बड़ी राहत हुई। आज हमारी शादी की सालगिरह है। दुआ है कि तुम्हें (बल्कि हमें) ये दिन कई बार देखना नसीब हों। इन दस बरस

में बहुत-सा सुख देखा है, और थोड़ा-सा दुख भी। लेकिन हमने ये तमाम दिन दयानतदारी, सुकूने-ख़ातिर (शान्ति) से गुज़ारे हैं और ज़िन्दगी में सबसे अहम बात यही है। तो आओ उन बीते हुए दिनों का शुक्राना अदा करें। ये दस बरस ऐसी दौलत है जिसे कभी फ़ना नहीं, और जिसे कोई छीन नहीं सकता। अगर किसी का उक़बा (परलोक) या आसमानी एहकामात (ईश्वरीय आदेश) पर ईमान न हो, तो नेकी और अख़लाक़ (सदाचरण) के हक़ में सबसे बड़ी दलील यही है कि जो लम्हा (क्षण) हक़-ओ-सदाक़त की परवरिश (यथार्थ और सच्चाई को बढ़ाने) में गुज़रे वह बजाय-ख़ुद (स्वयं ही) ख़ुशी का ऐसा ख़ज़ाना बन जाता है जिसे कोई रहज़न (बटमार) लूट नहीं सकता, न कोई जाबिर (आततायी) ज़ब्त कर सकता है। शायद मज़हबी इस्तिलाह (धर्म की परिभाषा) में तोशए-आख़िरत (परलोक के संचित पुण्य धन) के सही मानी यही हैं।

तुमने अपने घर की तनहाई का ज़िक्र किया है, मैं जानता हूँ कि यह तनहाई कितनी कड़ी और जुदाई के ये लम्हे कितने गराँ (भारी) हैं। इनको दिल से धोया तो नहीं जा सकता, लेकिन इनका बोझ इस तसव्वुर (कल्पना) से कम ज़रूर किया जा सकता है कि बीते हुए दिन कैसे अच्छे थे और आनेवाले दिन कितने बेहतर होंगे। मैं तो यही कहता हूँ। जब से जेलख़ाने का दरवाज़ा बन्द हुआ है मैं कभी माज़ी के पैरहन (विगत के वस्त्र) को तार-तार करके उसे मुख़्तलिफ़ (विभिन्न) सूरतों में दुबारा बुनता रहता हूँ, और कभी आनेवाले दिनों को दामे-तसव्वुर में मुक़ैय्यद (कल्पना के जाल में क़ैद) करके उनसे अपनी मर्ज़ी और पसन्द के मुख़्तलिफ़ मुरक़्क़े (अलबम) तरतीब देता रहता हूँ। जानता हूँ कि यह बेकार-सा शग़्ल है, इसलिए कि ख़्वाबों को हक़ीक़त की ज़ंजीरों से आज़ाद नहीं किया जा सकता। लेकिन इतना ज़रूर है कि थोड़ी देर के लिए आदमी तख़य्युल (कल्पना-शक्ति) के बल पर गिर्दो-पेश (चारों ओर) की दलदल से पाँव छुड़ा सकता है। फ़रारियत (पलायन) बुरी बात है। लेकिन जब हाथ-पाँव जकड़े हुए हों तो आज़ादी की वाहिद (एकमात्र) सूरत यही रह जाती है। इसी नुस्ख़े के तुफ़ैल (बहाने) मुझे जेल की सलाख़ें बहुत ही हक़ीर (तुच्छ) और बेहक़ीक़त दिखायी देने लगी हैं, और बेश्तर औक़ात (बहुधा) उनकी तरफ़ ध्यान ही नहीं जाता।

तुम कहोगी कि हम बुक़राती ऊँचा फ़ल्सफ़ा छाँट रहे हैं, इसलिए आओ कोई और बात करें। चन्द दिन हुए मैंने रेडियो खोला तो मालूम है उस जानिब कौन था? अपने ए.एस.बी.[1] अख़बारवालों की खिंचाई कर रहे थे।

1. अहमद शाह बुख़ारी (पतरस)।

बहुत-बहुत लुत्फ़ आया। ख़ास तौर से इतनी बहुत-सी अमरीकी ख़िनख़िनी आवाज़ें सुनकर अमरीका के लिए दिल उदास हो गया। 'डॉक्टर बुख़ारी, क्या आजकल किसी मुल्क के लिए वाक़ई ग़ैरजानिबदार (निष्पक्ष) होना मुमकिन है?' बुख़ारी साहब ने जवाब दिया—'भई वाक़िआ है कि आजकल कुछ मुल्क वाक़ई ग़ैरजानिबदार हैं, और अगर ग़ैरजानिबदारी मुमकिन नहीं तो ऐसा क्यों मुमकिन हुआ?' बहुत दिल्लगी रही। (ये अमरीकी अपने ख़ास लहजे में 'कन्ट्री' को 'कैन्ट्री', 'वर्ल्ड ऑफ़ टुडे' को 'वर्ल्ड ऑफ़ टुडाय', और 'न्यूट्रल' को 'नूट्रल' कह रहे थे।)

यहाँ गर्मी का मौसम ग़ैरमामूली तौर से तवील (लम्बा) होता जा रहा है। रातें ख़ुनक हो चुकी हैं, लेकिन दिन अब भी गर्म हैं, अगर्चे बहुत नाख़ुशगवार नहीं। मालूम होता है कि दुनिया के इस हिस्से में गुलाबी जाड़ों की वह सहर-आफ़रीं (जादू की-सी) रुत वारिद ही नहीं होती (आती ही नहीं) जिससे हम पंजाब में आश्ना (परिचित) हैं। वह मौसम, जब हवा का हर झोंका किसी के प्यार का लम्स (स्पर्श) महसूस होता है और गुदाज़ (कोमल) आसमानों में किसी दोशीज़ा (कुमारी) जिस्म की-सी नर्मी और आँच महसूस होती है। ख़ैर, ऐसे मौसम से आसूदगिए-नफ़्स (आत्मिक सन्तोष) का कुछ बदल मुझे उस ख़ुशबू से हाथ आ जाता है जो तुमने भेजी थी और जिसे मैं हर रात अपने तकिये पर छिड़क देता हूँ। पहली शाम जब यह ख़ुशबू हमारे बरामदे में बिखरी तो शहरे-ज़िन्दाँ ('जेल की नगरी') में सनसनी दौड़ गयी।

इतवार : मैंने फ़्रांसीसी में काफ़ी तरक़्क़ी कर ली है। जब मिलेंगे तो फ़्रांसीसी में गुफ़्तगू (बातचीत) करेंगे। इसलिए अगले साल पैरिस जाने का प्रोग्राम पक्का कर लो। कुछ दिनों के बाद मुझे कोई फ़्रांसीसी किताब दरकार होगी। मोपासाँ या किसी और मुसन्निफ़ (लेखक) की किताब, जो सलीस (सरल) और सादा ज़बान में हो, मिल सके तो भिजवा दो।

3

28 जनवरी, 1953

दो दिन हुए मैं सुबह बेदार हुआ तो सुबह की हवा में एक नयी मुलायमत महसूस हुई, बादे-बहार की मानूस (परिचित) और जानी-पहचानी नर्मी। मैं ड्रेसिंग-गाउन पहने बग़ैर बाहर निकला; और सुबह ने इस तास्सुर (प्रभाव) की

तौसीक़ की (गवाही दी) कि वाक़ई बहार आ चुकी है, इसलिए कि सुबह की रंगत बदल चुकी थी। यह सिर्फ़ दरजए-हरारत (ताप-मान) की बात नहीं है। रौशनी, रंग और फ़ज़ा की कैफ़ियत—सब कुछ बदल जाता है। जब भी मौसम बदलता है हर नये दिन में कुछ धड़कन-सी, कुछ इर्तिआश (कम्पन)-सा, कुछ बेयक़ीनी-सी पायी जाती है, जो उस वक़्त तक रहती है जब तक कि अगला मौसम यानी गर्मी या सर्दी का मौसम आकर जम नहीं जाता। जान-आफ़रीनी (जीवन की हलचल-सी पैदा करने) की बात तो मौसम की हर तब्दीली में होती है; लेकिन असीरी (जेल) के दिनों से पहले इसका इतनी शिद्दत से कभी एहसास नहीं हुआ था। ग़ालिबन् उन दिनों इसकी फ़ुर्सत ही नहीं थी; न दिलो-दिमाग़ इतने फ़ारिग़ (निश्चिन्त) थे कि ऐसे मुहर्रिकात (प्रभावी कारणों) से ज़ियादा मुतास्सिर (प्रभावित) हो सकें।

फ़ैसले के बाद मैंने अब तक कुछ भी नहीं लिखा। मुस्तक़्बिल (भविष्य) के बारे में बेयक़ीनी और उससे मुतअल्लिक़ (सम्बन्धित) वसवसे (दुश्चिन्ताएँ) दूर हो जाने से सुकून और तमानियत (हर्ष और सुख) की ऐसी लहर दिल में उठी कि उसकी ग़ुनूदगी (निद्रालस) से अब कुछ बेदार होने लगे हैं। और अब जो बहार आयी है तो साज़े-सुख़न (काव्य-तन्त्री) में कुछ मौहूम-सी (अस्पष्ट-सी) लरज़िशें भी महसूस होने लगी हैं। मैं 'बहार के नाम एक सलाम' लिखना चाहता हूँ; और ज़िन्दगी, और उम्मीद, और मुहब्बत के नाम भी, जिनका हर बार नया जन्म लेना ऐसा ही अबदी अमल (अनन्त कर्म) है जैसा कि ख़िज़ाँ (पतझड़) की ग़ारतगरी।...उन दिलों के नाम भी, जो ग़म से धुलकर मुसफ़्फ़ा (निर्मल) हो जाते हैं। और, हर कली के नाम भी, जो बेधड़क फ़ना और नेस्ती (नाश और नास्ति) को ललकारती है। जी चाहा था कि कराची के तुलबा (विद्यार्थियों) के लिए भी कुछ लिखूँ; लेकिन इस ख़याल से नहीं लिखा कि शायद मैं उनसे पूरा इन्साफ़ न कर सकूँ। यों भी ऐसी नज़्म में उसी मौज़ूअ की तकरार (विषय का दोहराव) होगी जो मैं 'ईरानी तुलबा के नाम' में लिख चुका हूँ। यही मेरी सबसे अच्छी नज़्मों में से एक है, और मैं नहीं चाहता कि अपने बच्चों को उससे कम दर्जे की चीज़ पेश करूँ। शायद बाद में कभी किसी और मौक़े पर उन्हें ख़िराज (उनका देय) अदा कर सकूँगा। अस्ल में अब इस तरह की छोटी-मोटी चीज़ें लिखने को जी नहीं चाहा। कुछ एतिमाद (आत्मविश्वास) पैदा हो जाये तो इरादा है कि पुरानी रज़्मिया (एपिक) नज़्मों के पैमाने पर कोई बड़ी चीज़ लिखूँ जिसमें अपने दौर की अज़ीमुश्शान (महान) कशमकशे-हयात (जीवन-संघर्ष) का बयान हो सके; इसलिए कि हमारा दौर

शायद तारीख़ (इतिहास) का सबसे शुजाआना (शौर्यपूर्ण) और वलवला-अंगेज़ (उमंगभरा) दौर है। न जाने यह कभी लिखा जा सकेगा कि नहीं। लेकिन इरादा ज़रूर है।

4

27 जुलाई, 1954

कुछ इन्तिज़ार के बाद गुज़श्ता (पिछले) हफ़्ते तुम्हारे तीन ख़त यकबारगी आ गये। चुनांचे दिल ख़ुश और मुत्मइन है। ख़ास तौर से तुम्हारे आख़िरी ख़त से घर की याद आयी, लेकिन अफ़्सुर्दगी (उदासी) से नहीं, बल्कि ख़ुशदिली से—वह इस ख़याल से, कि इस सफ़र के ख़ातिमे पर कितनी ख़ुशआयन्द (सुखप्रद) चीज़ें अपनी मुन्तज़र हैं (प्रतीक्षा कर रही हैं)। जब वह वक़्त आयेगा, हम एक भरपूर महफ़िल नहीं, बल्कि कई महफ़िलें सजायेंगे। अलबत्ता गानेवालियों के मुतअल्लिक़ शायद हममें इख़्तिलाफ़े-राय (मतभेद) हो। इससे आस्कर वाइल्ड का मशहूर मक़ूला (कथन) याद आ गया कि लालच (temptation) पर क़ाबू पाने की वाहिद सूरत (एकमात्र उपाय) यही है कि आदमी लालच में आ जाये। यह मक़ूला दरअस्ल आस्कर वाइल्ड का नहीं, बल्कि चासर का है, और आस्कर वाइल्ड साहब ने एतिराफ़ किये बग़ैर (आभार व्यक्त किये बिना) उड़ा लिया है। अगर फिर कोई तुम्हारे सामने दुहराये तो इस तसहीह (संशोधन) से तुम अपनी इल्मीयत जता सकती हो।...आम और तम्बाकू का एक टिन मिल गया है। आम इतने मीठे थे कि हम एक दिन में चट कर गये। यह भी अच्छा ही हुआ; वर्ना एक दर्दनाक वाक़िए के सबब से शायद उन्हें हल्क़ से उतारना (खाना) मुश्किल हो जाता। जेल में आने से पहले हम समझते थे कि असीरी (बन्दी होना) कोई शुजाआना (शौर्यपूर्ण) और बलन्दमर्तबा बात है। अब पता चला कि इसमें न शुजाअत (शौर्य) का कोई मज़मून है, न आलीहौसलगी (परम साहस) का; इसमें सिर्फ़ दर्द है और नाक़ाबिले-बयान (अकथनीय) दर्द। और इस दर्द का सही एहसास मुझे एक शिकारी परिन्दे से हुआ; जिसकी कुछ दिनों से हम देखभाल कर रहे हैं। यह छोटा-सा एक शिकरा (बाज़) है जो कुछ दिन पहले हमारे ग़ुसलख़ाने में पहुँचा, और हमारे ख़िदमतगार क़ैदी ने पकड़ लिया। सधाने के ख़याल से क़ैदी ने उसकी टाँग में रस्सी बाँध के एक टोकरे के अन्दर बन्द कर दिया। लेकिन उसी शाम वह किसी तरह टोकरे से निकल गया और उड़कर हमारे सेह्‌न (आँगन) के एक

दरख़्त पर जा बैठा। उसकी रस्सी शाख़ों में उलझ गयी। वह बेचारा तमाम रात फड़फड़ाता रहा और हम उसकी गुलूगीर फ़रियाद[1] सुनते रहे। अगली सुबह हमने उसे नीचे उतार लिया, लेकिन उसकी टाँगें कई जगह से टूट चुकी थीं। अब न वह लड़ सकता है और न शिकार कर सकता है। बेकसी के आलम में सेहन में दुबका बैठा था। एक दिन पहले उसकी आवाज़ से जिन कौओं, चिड़ियों और मैनाओं की जान ख़ता होती थी, अब वही परे बाँधकर उसके आस-पास जमा होते हैं, और ब-यक आवाज़ (समवेत स्वर में) उसकी हँसी उड़ाते हैं और आवाज़ें कसते हैं। हम देखते हैं कि इस तज़लील (अपमान) पर शिकरे की मग़रूर (दर्पभरी) चमकदार आँखें दर्द से धुँधला जाती हैं। परिन्दे रो तो नहीं सकते लेकिन इस बेचारे की बेबसी देखकर दिल भर आता है। हम उसे अच्छी तरह खिलाते-पिलाते हैं। लेकिन ग़ालिबन दो-चार दिन में वह मर जायेगा। मुझे अफ़्सोस होता है कि निज़ामे-फ़ितरत में (प्रकृति की अपनी व्यवस्था में) बेज़बान मख़्लूक़ (प्राणी) का इलाज यही है। फ़ितरत में दर्द का दारू (उपचार) मौत है। यह सिर्फ़ इनसान का मुक़द्दर है कि अपना दर्द और जख़्म दिल में लिये जिये जाये, साल-साल, नस्ल-दर-नस्ल, क़रन-दर-क़रन (लम्बे समय तक)। क्योंकि उसके दर्द का इलाज मरने से नहीं, जीने ही से होता है। उसके मसाइल (मस्अले, समस्याएँ) मौत से नहीं ज़िन्दगी ही से हल होते हैं। इसी ख़ातिर उसे वह ईमान (दृढ़ विश्वास) और नज़र बख़्शी गयी है जो उसकी ज़ात (व्यक्तिगत) से परे और उसके अहद (युग) से आगे देख सकती है। इसी सहारे पर वह दुख उठाये जाता है और उम्मीद किये जाता है—उस दिन की उम्मीद, जो शायद उसे कभी देखना नसीब न हो; वह दिन, जब सारे ग़म मिट जायेंगे, सब दर्द थम जायेंगे; जब रोने की बजाय हँसना होगा, और सब आँसू ख़ुश्क हो जायेंगे। अनगिनत सदियों के बाद इनसान ने हाथ-पाँवों से काम लेना सीखा। उन्हीं सदियों में बोलना और सोचना सीखा और शायद अब वह वक़्त क़रीब आ रहा है जब वह ख़ुश रहना भी सीख लेगा। लो! यह तो क़रीब-क़रीब लेक्चर हो गया। हमारी स्कूल-मास्टरी की रग कभी-कभी यों ही फड़कने लगती है।

अब मैं 15 अगस्त और तुम्हारी आमद (आगमन) के इन्तिज़ार में हूँ। सूफ़ी साहब से कहना कि मुझे फ़ैलन की लुग़त (कोष)[2] तीन-चार माह के लिए भिजवा दें। आजकल मैं होमर[3] का तर्जुमा (अनुवाद) करने की फ़िक्र में हूँ।

---

1. दुख भरी पुकार, 2. डॉ. फ़ैलन का हिन्दुस्तानी-अंग्रेज़ी कोश, 3. यूनान देश का आदिकवि, महाकाव्यकार।

5

29 नवम्बर, 1954

अबके तुम्हारे जाने के बाद मुझे डर था कि उम्मीदे-रिहाई के इल्तवा (स्थगित होने) ने तुम्हें रंजीदा न किया हो। लेकिन तुम्हारे ख़त से तशफ़्फ़ी (तसल्ली) हो गयी। मैंने तो इस ख़बर[1] को क़तई क़ाबिले-तवज्जुह ही नहीं जाना। ऐवाने-असीरी (बन्दीगृह) में शबो-रोज़ के जो आसेब (रात और दिन के जो भूत) क़तार-अन्दर-क़तार खड़े हैं, तो उनकी जानिब कभी देखता भी नहीं। मैं तो उनसे परे उस रौशन मंज़र पर निगाह जमाये रखता हूँ जहाँ बच्चे खेल रहे हैं, और लोग-बाग मेहनत कर रहे हैं, दुख उठा रहे हैं, और प्यार कर रहे हैं। लेकिन शायद यह भी पूरी तरह सही नहीं। अब मुझे उन आसेबों की क़तार से डर नहीं लगता। मैं कभी-कभी उनकी आँखों में आँखें डालकर देख लेता हूँ और उन पर लानत भेजता हूँ। लेकिन सब ऐसे बद-वज़्अ (भद्दे, बेढंगे) भी नहीं होते। बीच में ऐसे दिन भी आते हैं जब तुमसे और बच्चों से मुलाक़ात हो जाती है, या किसी किताब से कोई अछूता नगीना बरामद होता है या कोई अच्छा ख़याल ज़ेह्न में तश्कील पाता (मन में रूप लेता) है, या कोई दिन वैसे ही ख़ूबसूरत होता है, और किसी नग़्मे (संगीत) की तरह कैफ़अंगेज़ (भाव-भरा)। ऐसा ही एक दिन गुज़श्ता (पिछले) हफ़्ते की जुमेरात का दिन था, सुनहरी, नीम-ख़ुनक, नीम-गर्म दिन, जब हलके रंग के आसमान के नीचे हलकी-हलकी हवा चल रही थी। ऐसे सुरूर की कैफ़ियत थी कि तुम्हें ख़त लिखने को जी चाहा, लेकिन फिर दिल में आसपास की सब चीज़ों की फ़ेहरिस्त बनने लगी (हमारा दिल है ही बहुत हिसाबी)। परिन्दे और पौधे और रौशनियाँ और साये। लेकिन यह फ़ेहरिस्त गिनवाना तो मक़सूद (उद्देश्य) न था इसलिए मैंने छोड़ दिया। और ख़त लिखने की बजाय दिन-भर काफ़्का के आशिक़ाना ख़ुतूत (पत्र) पढ़ता रहा। कोई उजाड़ और बेरौनक़ दिन होता तो शायद उन्हें पढ़ना अपनी बरदाश्त से बाहर हो जाता। अच्छा हुआ, तुमने यह किताब भेज दी। इससे न सिर्फ़ काफ़्का की दूसरी तसनीफ़ात (पुस्तकों) को समझने में मदद मिलती है, बल्कि नफ़्सीयाती (मनोवैज्ञानिक) उलझनों से ईज़ातलबी (आत्मोत्पीड़न की माँग) का वह शदीद जज़्बा (प्रबल भावना) भी समझ में आता है, जिसने बहुत-से दूसरे

---

4. उन दिनों अदालत के फ़ैसले के विरुद्ध की गयी अपील रद्द हो गयी थी। (उर्दू संस्करण में पत्रों के सम्पादक : श्री ज़फ़रुल हसन का नोट)

दर्जे के अदीब (साहित्यकार) पैदा किये हैं। इनका मरज़ तो वही है जो काफ़्का का था, लेकिन काफ़्का का-सा ख़ुलूस (ईमानदारी) और कमाल उनके हिस्से में नहीं आया।

हमारा बाग़ लहक रहा है। नस्टर्शियम और कोस्मोस के कुछ-कुछ फूल खिलने लगे हैं और गुले-दाऊदी और गेंदा पूरी बहार पर हैं। अफ़्सोस कि मांटगुमरी में फूलों की कोई नुमाइश नहीं हुई, वर्ना हम ज़रूर एकाध इनाम जीत लेते।

छेमी और मेज़ी* के नाम

1

हम राज़ी-ख़ुशी हैं। अम्मी ने लिखा है कि तुम दोनों बहुत अच्छी बच्चियाँ हो। यह सुनकर बहुत ख़ुशी हुई। यहाँ हमारे बहुत-से दोस्त हैं, और सब बहुत ख़ुश रहते हैं। जब घर आयेंगे तो तुमसे मिलकर ख़ूब मज़े करेंगे। उम्मीद है कि हम जल्द आ जायेंगे। तुम अपनी अम्मी का हाथ बटाती रहो।

2

तुम्हारे प्यारे ख़त का बहुत शुक्रिया। मुझे बहुत ख़ुशी है कि अब तुम्हारी अम्मी और मेरे पास एक बेटी के साथ एक बेटा भी है। बेटों को बहुत बहादुर और बहुत अच्छा होना चाहिए। इसलिए कि उन्हें अपनी माँ और बहनों की देखभाल करनी पड़ती है। मुझे उम्मीद है कि तुम बहुत अच्छे और बहादुर होगे। मेरा क्रिस्मस का तुह्फ़ा बहुत अच्छा था, सब लोगों ने पसन्द किया। कल हमारे यहाँ क्रिस्मस पार्टी होगी। फिर एक मुशाइरा भी होगा। बहुत-प्यार।

3

तुम्हारा बहुत अच्छा ख़त मिला। आजकल तुम्हें छुट्टी होगी, हमें भी छुट्टी है। थोड़े दिनों में अम्मी आयेंगी, तुम भी आओगी, फिर हम ख़ूब बातें करेंगे। अम्मी तुम्हें कराची भी ले जायेंगी। वहाँ समन्दर भी है, जहाज़ भी हैं, और चिड़ियाघर में मगरमच्छ भी होते हैं। हमारी बिल्ली और उसका बच्चा भाग गये थे। बिल्ली आ गयी है, लेकिन बच्चा नहीं आया। शायद वह भी आ जाये।

---

* छेमी और मेज़ी (सलीमा और मुनीज़ा) फ़ैज़ की बेटियों के नाम हैं, जो इन पत्रों के लिखने के ज़माने में बहुत छोटी थीं।

हम शाम को ख़ूब खेलते हैं। कभी-कभी बाहर से आइस-क्रीम भी आती है। जब तुम आओगी तो तुम्हें भी खिलायेंगे। बहुत-सा प्यार।

4

तुम्हारा बहुत प्यारा ख़त मिला। तुम्हारी तस्वीरें भी मिलीं। तुम दोनों कितनी बड़ी हो गयी हो! ख़ैर यहाँ आओगी तो देखेंगे। हम तुम्हें ईद के दिन बहुत अच्छा खाना खिलायेंगे। और भी बच्चे आयेंगे। शायद हम तुम्हें गाना भी सुनायेंगे। हँसी की कोई बात नहीं है। हम लोग बहुत अच्छी क़व्वाली करते हैं। तुम्हारा लतीफ़ा बहुत अच्छा था। तुम्हारे इम्तिहान का नतीजा सुनकर ख़ुशी हुई। हिसाब में कम नम्बर आये हैं तो कोई बात नहीं। हिसाब तुम्हारे अब्बा को भी नहीं आता था। यहाँ मौसम अच्छा है और गर्मी बहुत कम है। रात को काफ़ी ठंडक होती है और दिन को भी बहुत ठंडी हवा चलती है। यहाँ सब लोग अच्छी तरह हैं और तुम दोनों को प्यार भेजते हैं।

5

आजकल यहाँ गर्मी है। हमारे बाग़ीचे के फूल ख़त्म हो गये हैं। दूसरों के पास तो एकाध भी नहीं, अलबत्ता हमारे पास चन्द-एक फूल अभी मौजूद हैं। कुछ तो सफ़ेद पेटोनिया हैं, कई रंगों के कुछ ज़ैमिया हैं। सूरजमुखी के फूल भी निकलने लगे हैं। स्वीट विलियम और हॉलीहॉक के चन्द-एक दरख़्तों में भी फूल खिलते हैं। बस चन्द रोज़ बाद बारिशें शुरू हो जायेंगी। तब हमारा बाग़ीचा फिर ख़ूबसूरत हो जायेगा। तुम जानती हो कि जब गर्मी बहुत ज़ियादा होती है तो लोग बाहर नहीं निकलते और इस वजह से फूलों को नहीं देखते। और ये फूल उनसे ख़फ़ा होकर चले जाते हैं। जब कुछ ठंडक हो जाती है और लोग-बाग चलते-फिरते रहते हैं तो फूल भी निकल आते हैं (उन्हें ख़ुश करने के लिए)।

उम्मीद है कि तुम्हारी दावतें मज़ेदार हुई होंगी। हमारे-हाँ कोई दावत नहीं हो रही है, क्योंकि सब रोज़े रखते हैं। बताओ तुम्हें क्या तुहफ़ा दिया जाये? जो तुहफ़ा माँगोगी, मिलेगा।

मैंने छेमी की तस्वीर अख़बारों में देखी। बहुत अच्छी थी। अगले साल तुम भी कोई इनाम पाओगी। तब तुम दोनों के हँसमुख चेहरे अख़बारों में छपेंगे।

तुम्हारे और छेमी के लिए एक लतीफ़ा लिख रहा हूँ। "जब हज़रत नूह[1] की कश्ती से जानवर उतर रहे थे तो हाथी से पिस्सू ने कहा, जो हाथी के पीछे था–भई, मुझे मत ढकेलो।"

अपने एक प्रकाशक के नाम

सेंट्रल जेल, मांटगुमरी
29 जून, 1954 ई.

डियर...[2]

तुम्हारे ख़त का रस्मी जवाब ऊपर दर्ज हुआ। ग़ैररस्मी जवाब यह है कि अगर तुम इतने मामूली-से काम को पूरा नहीं कर सकते थे तो तुम्हें इस क़दर इसरार से इसे सर लेने और दोस्ती और कारोबार दोनों में दख़ल डालने की क्या ज़रूरत थी? अब सूरत यह है कि इक़रारनामा की तरमीम नहीं होगी[3]। मुसन्निफ़[4] की रक्षा तो उसूली बात है। उस पर डाका डालने की मैं दोस्त-दुश्मन किसी को इज़ाज़त नहीं दे सकता। हिन्दुस्तानी एडीशन की पाकिस्तान में फ़रोख़्त[5] के ख़िलाफ़ चाराजूई[6] कर सकते हो। बाक़ी रहा तुम्हारी दिक़्क़तों का सवाल (ज़ाहिर है कि मेरी दिक़्क़तें तो किसी हिसाब में नहीं हैं) तो अगर तुम मामला करना चाहते हो तो निस्फ़ रायल्टी की बक़ाया रक़म अदा कर दो और इसके बाद चाहो तो किताब की क़ीमत कम कर दो। जब तक फ़रोख़्त नहीं हो जायेगी मैं बक़ाया का तुमसे तक़ाज़ा नहीं करूँगा। अगर मामला नहीं करना चाहते हो तो मियाँ तुम, किताब भी रक्खो और पैसे भी रक्खो, और मुझे इस आये-दिन की झक-झक से नजात दिलाओ। तुमने पहले कौन-से इक़रारनामे पूरे किये हैं कि मैं तुमसे नये इक़रारनामे करता फिरूँ? मुझे तुमसे मुक़दमेबाजी तो करना नहीं है। इसलिए इस क़िस्से को हटाओ; और आइन्दा के लिए एहतियात[7]।

---

1. बाइबिल में वर्णित आदियुग में, महाप्रलय के आने पर, हज़रत नूह ने सब प्राणियों का एक-एक जोड़ा अपनी नाव में सवार करा लिया था। यह नाव महाप्रलय में 40 दिन तक तैरते रहने के बाद अरारात पर्वत पर किनारे लगी थी; जहाँ सब प्राणी उससे निकलकर बाहर आये।
2. नाम ज़ाहिर करना मुनासिब नहीं है (उर्दू का फ़ुटनोट), 3. बदला नहीं जायेगा, 4. लेखक का अधिकार, 5. बिक्री, 6. क़ानूनी कार्रवाई, 7. मैं सावधान हूँ।

फ़ैज़ : कुछ श्रेष्ठ उर्दू कवियों और समीक्षकों की नज़र में

जोश मलीहाबादी

आस्माने-अदब का आफ़ताब

फ़ैज़ के मिज़ाज में उनके कलाम की तरह एक नर्मी और एक मिठास पायी जाती है...और उनके तबस्सुम (मुस्कान) में मासूमियत की झलक आज भी दिल मोह लेती है।

मैंने अपनी तमाम उम्र में सिर्फ़ तीन-चार शाइरों को पाकनफ़्स (शुद्धात्मा) पाया है। एक रास्तगो (सत्यवादी) इनसान की तरह इस बात के इज़हार से मुसर्रत हो रही है कि उन चन्द इने-गिने पाकनफ़्स शुअरा के दरमियान फ़ैज़ का चेहरा भी दमक रहा है।

मेरा साहिल अब सामने आ चुका है; मेरी कश्ती के बादबान लपेटे जा रहे हैं, लेकिन डूब जाने से पेश्तर यह कह देना चाहता हूँ कि मैं इत्मीनान से मरूँगा—और महज़ इस बिना पर, कि उर्दू अदब (साहित्य) के एक मल्लाह को अपने पीछे छोड़े जा रहा हूँ; और उस मल्लाह का नाम है—फ़ैज़।

अल्लाह उनकी उम्र को दराज़ करे, फ़न और ज़बान (कला और साहित्य) के दरवाज़े उन पर खोल दे, और रफ़्ता-रफ़्ता उनको आस्माने-अदब (साहित्य-गगन) का एक ऐसा आफ़ताब (सूर्य) बना दे जो कभी डूबने का नाम भी नहीं लेता।

11.4.65

फ़िराक़ गोरखपुरी

'नक़्शे-फ़रियादी' और उसकी दो नज़्में 'तनहाई' और 'रक़ीब'

कविताओं के इस संग्रह में अगर्चे कविताओं की संख्या अधिक न थी, लेकिन इसका ज़बरदस्त असर हमारी शाइरी पर पड़ा। फ़ैज़ ने इसमें चिन्तन और भावाभिव्यक्ति की एक नयी तकनीक प्रस्तुत की, जो युग के यथार्थ को व्यक्त करने के लिए निहायत मौज़ूँ है। इनके पदों की लय में जो खटक या ज़मज़मा (गान) है और इनकी वाक्य-योजना में जो ताज़गी और सटीकता है वह उनकी शैली में एक अनोखा सृजनात्मक वैशिष्ट्य पैदा कर देती है। फ़ैज़ ने शाइरी का नया स्कूल क़ायम किया है। उन्होंने जिस गहरी समझ, भावना की निश्चलता और कला-कौशल से प्रेमानुभूतियों को अन्यान्य सामाजिक समस्याओं के संग मिलाकर पेश किया, वह उर्दू के प्रेमकाव्य में एक बिल्कुल नयी चीज़ थी।

इस संकलन में दस-बारह पदों की एक अतुकान्त रचना 'तनहाई' है जो इश्क़िया शाइरी का ऐसा कारनामा है कि भुलाया नहीं जा सकता। यह रचना एक जीवन्त आधुनिक क्लासिक है। फ़ैज़ ने उन भावनाओं को और भी चमकाया जो अख़्तर अन्सारी के स्फुट पदों में थरथरा रहे थे। फ़ैज़ की शाइरी आजकल के पढ़े-लिखे सुसंस्कृत नौजवानों की भावनाओं और भावशैली का बोलता हुआ साज़ है।

'रक़ीब' का विषय उर्दू शाइरी का बहुत बदनाम विषय है। लेकिन फ़ैज़ ने उसे असाधारण रूप से भावबहुल चुटीला और पाकीज़ा बना दिया। इश्क़ और इन्सानियत के कोमल और गम्भीर सम्बन्धों को समझना हो तो यह रचना देखिए।...प्रेमकवियों का कोई संकलन इस रचना के बग़ैर बेजान और बेरंग ही रहेगा।

मैं बहुत कम शे'रों या ग़ज़लों और नज़्मों के सन्दर्भ में यह महसूस करता हूँ कि मेरे दिलो-दिमाग़ का चोर निकला। लेकिन यह रचना ऐसी ही रचना थी। उर्दू के प्रेमकाव्य में अब तक इतनी पवित्र, इतनी चुटीली और इतनी दूर तक प्रभाव डालनेवाली और मार्मिक कविता उर्दू में दूसरी लिखी नहीं गयी। यह कविता नहीं बल्कि जन्नत और दोज़ख़ का एकीकृत राग है। शेक्सपीयर, गेटे, कालिदास और सा'दी भी इससे ज़ियादा 'रक़ीब' (प्रतिद्वन्द्वी) से क्या कहते?

1965 : 'अफ़कार' (कराची), फ़ैज़ नम्बर

प्रो. रशीद अहमद सिद्दीक़ी

एक नयी भंगिमा

मेरे नज़्दीक प्रगतिशील ग़ज़लगो कवियों में सिर्फ़ फ़िराक़ और फ़ैज़ ऐसे हैं जिन्होंने ग़ज़ल को एक नयी भंगिमा और नया आयाम देकर उसके सौन्दर्य और वैशिष्ट्य में इज़ाफ़ा किया है। गो मैं कुछ इस तरह से भी अनुभव करता हूँ कि यह इज़ाफ़ा इतना प्रगतिशील नहीं जितना काव्यमय गूढ़-मार्मिक...या गूढ़-मार्मिक काव्यमय है। फ़ैज़ ने ग़ज़लें अपेक्षाकृत कम कही हैं। फ़ैज़ की नज़्में[1] ऐसी हैं जो उर्दू की सर्वोत्तम नज़्मों के हम-पहलू रखी जा सकती हैं। यही कारण है कि जब वह ग़ज़ल की ओर प्रवृत्त होते हैं तो उनकी नज़्म की विशेषताएँ और अधिक निखर और सँवरकर उनकी ग़ज़लों में ढल जाती हैं। यही बात मैंने इक़बाल के बारे में कही थी।

फ़ैज़, जैसा कि सब जानते हैं, आरम्भ से अन्त तक साम्यवादी हैं। लेकिन ग़ज़ल का स्वभाव, और साहित्य में उसका स्थान, जैसा फ़ैज़ ने पहचाना है, उनके दूसरे साथियों ने नहीं पहचाना। फ़ैज़ की ग़ज़लों के अध्ययन से बहुत बार यह महसूस हुआ है जैसे, पदों की रचना करते समय, वह प्रगतिशीलता और साम्यवाद दोनों के केशकलाप सँवारने में इतने लवलीन न हों जितना कि 'दूरपार के गहन तत्त्व-चिन्तन[2] में डूबे हुए ग़ालिब और इक़बाल की स्तरीय मान-मर्यादा उनकी आँखों के सामने हो।

ग़ालिब और इक़बाल की मान-मर्यादा को ध्यान में रखने से फ़ैज़ कुछ कम साम्यवादी या प्रगतिशील नहीं हो गये हैं। कहना यह है, कि काव्य में विषयवस्तु को इस तरह सँजोना कि विषयवस्तु काव्य का ही अपना रूप लगने लगे, बड़े कवि की बड़ी अच्छी पहचान है। जब तक कोई कवि अपना होते हुए सबका कवि न

---

1. अर्थात् ग़ज़ल से इतर काव्य। उर्दू काव्य का यह सामान्य विभाजन सर्वस्वीकृत है : 'ग़ज़ल' और 'नज़्म' (=सुप्रबद्ध रचना अर्थात् काव्य), किसी एक विषय को लेकर कोई काव्य-रचना 'नज़्म' कही जाती है। 2. ग़ालिब के इस शे'र से अर्थपूर्ण फ़ायदा उठाया गया है :

तू और आराइशे-ख़मे-काकुल
मैं और अन्देशाहा-ए-दूर दराज़

होगा, बड़ा या अच्छा कवि न कहलायेगा। प्रगतिशील कवियों में यह वैशिष्ट्य फ़ैज़ के अतिरिक्त शायद ही किसी को सहज रूप से प्राप्त हो।

फ़ैज़ को मैंने ग़ालिब और इक़बाल के निकट स्तर का बताया है। लेकिन एक चीज़ मुझे खटकती है, वह यह कि फ़ैज़ को भाषा पर उतना अधिकार नहीं है जितना इक़बाल और ग़ालिब को था। भाषा-सौष्ठव को उर्दू काव्य में जो महत्त्व प्राप्त है, फ़ैज़ ने उसकी ओर उतना ध्यान नहीं दिया जितनी उनके काव्य की माँग है।

1965 'अफ़कार (कराची), फ़ैज़ नम्बर

●●●